JN419015

문학공원 시선 141

발목에 사는 소

이혜수 시집

문학공원

문학공원 시선 141

발목에 사는 소

이혜수 시집

나를 초월할 수 있는 한계를 어디까지일까
나는 삶의 발목에 사슬이 묶여 사는
한 마리 소였다

문학공원

자서

빈 가슴에 부는 바람은 답이 없다

채우고 채워도 비어 있고
달리고 달려도 끝이 없다
어디까지 해야 하고
어디로 가야 하는지
서있는 자리를 지키고
산다는 이유로 살아야 했다

다른 반전이 있었다
하고 싶은 걸 하며 살자는 거다

나는 시를 쓴다
지금 난 행복하다

CONTENTS

1부. 내 몸의 블랙박스

2부. 기적을 소리로 듣는다

3부. 바람이 머무는 곳

4부. 어머니의 오월은

1부

내 몸의 블랙박스

여름의 반란

재촉하지 않아도 정지된 하루가 비어간다
거미줄에 엉켜 몸부림쳐도 덫은 단단해져가고
한낮의 전쟁은 순식간 그림자도 삼켜버렸다
숨을 쉬고 있다는 건 닥쳐올 위기의 기다림인가
블록 위로 녹아내리는 열기는 빛의 광기인가

누적된 하루가 쓰러지는 작은 방
접힌 가슴을 말아 달팽이집을 만들어야 잠이 드는 밤
하얀 베개엔 어느새 강물이 흐르고 있다

창틈으로 스며드는 냉기가 시간을 조금씩 얼리고 있다

- 엔솔로지 『여름의 반란』

한낮의 비망록

바람도 숨어버린 탓일까

살아있는 것들의 소리가 온통 신음으로 들린다

뜨겁게 다가와 달구며 녹여주는 잔인한 사랑
허락한 적 없는 반복적인 열정의 하얗게 타버린 사랑
기습적인 행위에 대책 없는 메아리

가려진 커튼 사이로
풀어진 눈 비틀거리는 다리들이 앞만 주시한 채
좀비처럼 걷다 사라진다

매미의 울음은 비의 찬가인가
구름 한 점 없는 하늘에서 세차게 비를 쏟는다
간절한 기다림의 반가워할 틈도 주지 않고
짧은 입맞춤으로 목젖만 적셔놓고 달아난다

사랑하고 싶지 않은 여름이다

발목에 사는 소

좌판 위 오징어는 어느 바다를 건너와
비를 맞으며 흐느적거리고 있는 걸까
봉쇄된 무언의 약속은 파란 빛으로 깨지고
나는 짧은 시간 속에 확장된 먼 빗속을 걷는다
낡은 잡지 속의 어설픈 스캔들과 비루한 이야기가
쏟아지는 폭우 속 리어카에 실려가고 있다
튀어 오른 빗방울의 포물선이 발목을 훔치며 들어온다
어느 해 여름인가
나는 지친 나를 험한 길로 힘든 일터로 끌고 다녔다
보이지 않는 길을 수없이 걷게 했다
잠들지 않는 별들이 밤새워 기다려도
올려다볼 줄 모르고 새벽만 기다렸다
앞을 분간하지 못한 채 휘청거리며 울고 웃었고
완전하기를 바라며 세상의 어리석음을 비웃었다
끓어오르는 열기를 부채질해 젖은 하늘을 말리려 했다
그럴 때면 선명해지는 교감은 짧은 재회를 끝내고
산중턱 운무 속으로 사라졌다

나를 초월할 수 있는 한계는 어디까지일까
나는 삶의 발목에 사슬이 묶여 사는
한 마리 소였다

화려한 휴가

꽃잎은 떨어져 붉은 피를 흘리고
잔혹한 춤사위로 쓰러져가는 함성들이 늘어간다

광장은 더 이상 자유로운 쉼터가 아니었다
누군가의 끌려가고 실려 가고
누군가의 이끌려 터지고 깨지고
꽃잎은 흩뜨려져 만신창이가 돼있다
무슨 이유로 피기를 거부하고
무슨 이유로 꺾여 버려졌는지
꽃잎은 그렇게 널브러져 울고 있다
더럽혀지기를 원하지 않았고
밟혀서 뭉개지기를 바라지 않았는데
그저 자유롭게 피게 해달라는 것뿐인데
아직 피지도 못한 청춘들이
그들의 화려한 외출로 모든 걸 앗아갔다

사라진 오월의 붉은 꽃이여
돌아올 수 없는 그날의 꽃잎들이여
이제 다시 피어 진정한 진실의 외출을 하자
그대들의 영혼이 자유로울 수 있는 그날까지

채워지지 않는 잔

빗줄기에 대책 없이 너를 찾는다
내가 바다를 더 사랑했을까
파도가 떠난 자리 숨어버린 이유
검게 타버린 갯벌이 문을 연다
누군가를 막연하게 기다린다는 거
그 막막한 현실이 너무 두려워
묻어 두었던 기억
다행이야
낮은 무덤이어서
멈추어진 시간이 다시 지나가고 있네
잔과 잔 사이로 흐르는 이 기류는
심장의 진동인가 아픔인가
입술을 핥고 지나는 바람 사이로
너는 빨간 노을을 물려주었다

하루살이

폭염 속 끓어오르는 열기로 바람도 질식해 꼬리를 숨긴 걸까

한낮은 초록에도 숨이 막히고 시든 그늘마저 늘어져 잠에서 깨지 않는다

어둠이 몰려오면 하나둘 또 다른 이탈을 꿈꾸는 걸

다음 목적지는 어디일까

빛의 목마름을 갈구하는 가벼운 욕망들이 날렵하게 모여든다

지루한 끝을 달려와 미끄러질 듯 하루를 정산하고 있다

반쯤 타들어가는 장초는 사라진 잿빛의 흔적을 잃어버리고 익숙하게 빨려 들어간다

강할수록 자극은 심해지고 무의식은 흔들거리고 있다

끌려가는 시간은 이미 고막이 터질 듯한 템포로 잠식의 망에서 사라진다

골짜기 사이로 헤집고 들어오는 바람의 원죄인가

젖은 몸을 말려가며 건조해진 목젖을 적셔대는 차가운 액체는 짜릿하다

미소는 사라지고 허탈한 웃음이 비릿하게 속을 뒤집는다

배설의 정체가 쏟아낸 것은 부끄러운 자아였던가

공원 벤치엔 질척거리는 영혼이 널브러진 채 천천히 눈을 감는다

새벽을 긁어대는 늙은 청소부의 잔소리가 버려진 하루를 쓸어 담고 있다

- 동인지 『서랍 속의 바다』

아버지의 발

터벅거리는 걸음 늘어진 어깨 위로 더운 바람이 분다
깊은 호흡과 타들어가는 불꽃이 터널을 빠져나간다
모퉁이 낡은 문틈 사이로 들리는 여백의 소리는 익숙하다
거친 숨 몰아쉬며 반기는 건 백구의 변함없는 기다림이다
짖어도 열리지 않고 헛기침도 부질없이 굳게 닫혀있는 건 그가 돌아오는 무심한 저녁 풍경이다
그림자는 한참이나 서성거리다 습관처럼 문을 연다
견고한 벽을 치고도 덜어낼 수 없었던 것은 무엇일까
종일 갇혀있던 발을 꺼낸다
변질된 표면이 각질로 너덜거리며 추락한다
심한 염증 탓일까 퀴퀴한 냄새가 진동을 한다
건조한 바닥 사이로 패인 좁은 길들이 엉켜있다
걸어온 날들의 부석거리는 바닥은 허물과 깊은 골을 만들었다
그곳엔
점선처럼 끊이진 두려움의 실도 있고
비껴가는 교차로의 망설임도 있었다
쩍쩍 바닥을 드러낸 사막도 보이고
무너진 막다른 비탈길도 있었다
낡은 교각 밑으로 붉은 강이 흐른다

작은 영토가 정복해야 했던 거친 행보
그의 땅은 치열했고 늘 그런 줄 알았다

앙상한 고목의 뿌리가 선명히 뻗은
노쇠한 발을 처음으로 만졌을 땐 그는 이미 차갑게 변해버린 뒤였다
눈을 감아야 해방될 수밖에 없었던 자유였나
그렇게 아버지를 걷게 하고 뛰게 하고 다시 일어서게 하던 발바닥은 수 없이 갈라지며
기적처럼 모세의 길을 열어주고 우리 곁을 떠났다

- 엔솔로지 출품작

황태

포구의 비릿한 바람이 젖은 아가미 사이를 파고든다
짙은 해무 덮인 심해의 잠든 새벽을 끄집어 올린다
정지선을 넘어갈 때 그게 함정인지를 몰랐다
유혹에 낚여 헐떡이는 두려움은 피하고 싶었다
매달려 발버둥쳐봐도 부질없는 하소연일까
개명을 몇 번 했는지 본명을 잃어버린 지 오래다
본연의 빛을 버리고 또 다른 빛을 쫓고 있다
굳은 세포의 근육은 팽팽하게 단련 중이다
언제쯤 길고 긴 겨울을 벗어날 수 있을지
나를 다독이는 시린 손들은 언제쯤 편안해질까
얼어붙은 나를 녹이는 건 달콤한 염분의 속삭임
수백 킬로를 가로지르며 놀던 고향은 먼 나라다
그렇게 어디론가 흘러 낯선 곳에 서 있는 나는 누굴까
날마다 기대하고 나가도 바람만 맞기 일쑤다
오늘도 정체성을 찾기 위해 기다리고 또 기다린다

이젠 하염없이 맞았던 바람을 거부하려 한다
황금빛 갑옷은 나를 바람에서 자유로울 수 있게 했다
오늘 나는 황태라는 이름으로 세상에 나간다

- 엔솔로지 『달큰한 감옥』

평행을 걷다

잿빛 구름 사이로 선의 질주인가
바람이 베어버린 수만 개의 선들이 쪼개져 분산되고
비행의 무리, 선은 한 치의 오차 없이 점선을 가른다
일정하지 않는 부딪힘의 파장이 노을을 물고 해안선
으로 들어간다
안식이 들락거리는 지름 반경의 원이 곡선을 만들 때
반항하는 탈선은 중심을 잃고 심하게 출렁인다
혼선을 풀고 있는 굽어진 등에서
황금빛 지평선을 지고 가는 붉은 낙타를 본다
가끔씩 목적지를 향한 달콤한 유령선이 유혹해 흔들
어대도
가쁜 호흡을 고를 뿐 흔들림이 없다
선들은 공백을 보이지 않았고
타협은 피할 수 없는 마지노선이던가
선의 정체성을 찾아 헤맨 지가 언제부터일까
얼마큼 더 걸어야 안정선에 도착할까
돌아다보는 뒤안길에 곧게 뻗은 평행선이 웃고 있다
그래 여전히 우리는 평행선을 달리고 있었구나
천천히 그렇게 걸어왔구나

- 엔솔로지 『갈고등어의 기행』

창문의 세상

바퀴가 정지선을 반쯤 걸쳐놓고 태연하게 신호를 재촉하고 있다
한 손을 높이 들고 건너는 아이의
종종걸음은 어디로 급하게 걸어가는 걸까
바람이 갈라지는 비명소리인가
미끄러지는 탄력의 외마디 악을 쓰며 도로는 열을 내고 있다
매일 같이 반복되는 분주한 세상을
수평으로 각도를 맞추어본다
다리를 잃어버린 채 춤을 추고 있는 잎들
허공을 채우려는 듯 솟아있는 빌딩들의 도도함
숨 가쁘게 뛰는 밑의 세상을 비웃는 것일까
머무르지 않고 지나는 바람 탓일까
잎들의 술렁임이 이방인처럼 주절댄다
무심히 올려다보는 하늘은 푸르고 고요하다
뭘 그리 요란을 떨면서 앞만 보고 사나는 듯
어지러운 도시를 묵묵히 바라보고 있다
한 평의 직각에서 투영돼 보이는 세상은 늘 변함이 없다
시각의 분리된 공간의 나눠지는 풍경
오늘도 다르지 않다는 것을 알고 있었던 걸까

창문을 닫으려니
참새 한 마리 날아와 고개를 갸우뚱거린다

- 엔솔로지 『갈고등어의 기행』

포장마차

시간을 밟은 어둠이 빛을 말아갈 때면
익숙한 둥지 속 스며들어 같은 호흡을 한다
지난날의 꿈들을 삼켰다 뱉었다
시름 속 건져내는 지독한 그리움 하나
건조한 목마름을 급하게 적시고 있다
허락되지 않는 뜨거움만 재촉하다 이별은
블록 위를 나뒹굴며 울부짖는다

잡힐 듯 다가오는 어느 욕망이 머무는 곳
고개 숙인 머리가 처박혀 쉬어가는 곳
고달픈 마무리를 비웃고 흘려버리는 곳
질주하던 발걸음들이 잠시 멈춰진 곳

근육을 풀어버린 국수가 포기한 건 탈출인가
내 안의 아직도 식지 않은 또 다른 내가 아니겠는가
거침없이 증식된 나를 꺼내보려 하지만
끊어져가는 필름은 느리게 준비 안 된 나를 조율한다

지우개

온전치 못한 기억을 붙잡으려 과거를 접속해본다
촉촉한 두뇌는 탄력을 잃어 뻣뻣하게 굳어가고
끊어진 필름 사이 편집된 기만들이 두서없이 떠돈다
동공의 불안한 움직임이 깊었던 삶의 잔흔을 불러도
선명하게 푸르던 빛은 빠르게 분산돼 희미하다
존재감이 줄어드는 데는 오래 걸리지 않았다

굴곡의 파편들이 하나둘 떨어져 나간 자리엔
고집스러운 집착이 채워진다
연결된 기억이 마디를 상실하면서
재생될 수 없이 엉켜진 테이프는 잘려나가도
아픈 노래 하나를 반복적으로 되새김질한다
고갈된 틈 사이로 마른 바람이 불때마다
낯선 기억을 한 움큼씩 싸 들고 몰래 달아난다
방향의 감각은 초점을 잃은 채 흔들리고
비워지고 잊힐수록 무작정 헤매고 또 헤맨다

가까워진 먼 여행길은 더듬거리지 않기를
회색빛 강 위로 까마귀가 떼지어 날아간다
모든 흔적의 기억은 영원한 휴식으로 들어가고
지나온 발자국이 하나둘 물거품으로 사라질 때
이름 하나 버려진 채 연극은 그렇게 막을 내렸다

남산 아래 해방촌에서

교차로 위 다른 모습 다른 얼굴들이 비껴간다
멀고도 가까운 거리지만 오거리에 머물러 있던 내 심장은 흥분을 감출 수 없었다
구수한 청국장과 매콤한 김치찌개가 국적을 잃고 흐느적댄다
낯선 이방인들의 웃음이 익숙해 보이는 골목
둥지 속에 피어난 것은 떠나간 피난민들의 미련인가
오래된 습관처럼 넉넉한 정들이 담쟁이넝쿨로 어살고 있다
낡은 해방촌의 이국적 편견은 처음부터 없었던 것 같다
열차는 시간을 태우고 그토록 긴 터널을 지나왔을까
독을 닦는 굽어진 노파의 등 위로 내려앉은 노을이 항아리 속으로 숨어든다
언덕 아래 축제가 열리고 리듬을 타는 몸짓들이 하나로 어울리며 소통한다
북적이는 열기에 달아오른 낙엽도 이탈을 감행하고 있다

산 아랫동네 재래시장은 하루가 길다
낡은 기계 주름진 손등 사이로 흰 손가락이 보인다

굶주림과 고달픔이 밴 그 시절 따뜻한 국수 한 그릇으로
얼마나 많은 허기를 달래줬을까
평행봉 사이로 길게 걸쳐진 국수가락들만 뜸해진 발길을 기다리고 있다

등지고 온 고향 이주해온 피난촌
영원할 것 같은 삶의 무게가 오르내리던 산비탈 판자촌이 바뀌고 고된 타향살이의 본업도 같이 떠났다
남겨진 사람들은 하나둘 스며들어오는 이방인들에게 따뜻한 품이 돼주었다
허름한 빈자리에 꽃은 다시 피고
언제부턴지 새로운 꿈의 공간으로 태어났다
서울 하늘 아래 가장 높은 곳에 사는 그들만의 진정 해방된 풍경이 아름답다
옥탑방 창으로 별들이 총총하고 별만큼이나 다양하게 빛나는 사람들이 사는 곳
그 향기가 느긋하게 깔려있는 오거리에서 다르지만 같은 곳을 향해 걸어가는 자유를 본다

해방촌은 우리의 추억이고 꿈꾸는 미래였다

꿈꾸는 나이테

그의 왕성한 세포들은 분열을 멈추고
바람의 휴식으로 들어간 지 오래다
그가 자랐던 대지의 숨결이 여전히 살아 숨쉬는
내 침실이 그의 영원한 안식처다
긴 여정 속에 다져진 단단한 근육과 구릿빛 피부는
나를 매혹시키는데 충분하다
어느 곳 어떤 바람의 향기에 취해서 머물다가
무슨 이유로 내게 왔는지 상관없다
수없이 많은 날들 마주쳤던 순간을
둥글둥글하게 살아왔다는 표식만 각인시킨다
매일 밤 그와 함께 누적된 피로까지 잠재우며 달콤한 꿈을 꾼다
그의 쭉 뻗은 다리 사이로 흐르는 혈관들이
건강한 시간을 가졌던 흔적을 말해준다
그의 여정은 공간을 채워가는 버팀목으로
완벽한 정점의 휴식을 즐긴다
척추의 마디마디가 재생하여 다시 불꽃으로 사라질 때까지 그의 나이를 모를 것이다
선명하지만 흐릿한
그의 여독이 드러누운 포말의 둘레길에서
바다가 보이고 산이 보인다
꺼지지 않는 그의 끝없는 생명력은 파수꾼되어

지금도 멈추지 않고 지키고 있다
그와 나는 같이 호흡하며 잠든다

그는 모른다
나도 모른다
바람 따라 가버린 나이가
테를 가지고 있었다는 걸 아무도 모른다

- 계간 〈스토리문학〉 2016년 가을호 등단작

누가 해를 훔쳐 갔나

겹겹이 둘러싸인 늙은 고목이
눈을 가리고 귀를 막고 빛을 가린다
이름도 없이 잡초와 썩은 잎들은
검붉어 가는 모습에 울상이다
수줍은 새색시 마냥 고개 숙인 버섯은
제 독에 못 이겨 창백하게 갈라져가고
묵묵히 자리를 지키고 서있는
장수도 장기전을 준비하지만
하나둘씩 떠나가는 병사들의 뒷모습을 보면서
홀로 남겨질 고독을 다진다
바람은 매서운 회초리가 되어
빠르게 시간을 옮겨 놓아도
기억 속에 슬픔은 그대로다
처음부터였나 아니면 감춘 걸까 훔쳐간 걸까
해가 들지 않는 깊은 골짜기
이별 놀이에 우울하다
물 위를 걷는 병사의 얼굴이 차라리 평화롭다
습한 냉기 속 터널을 벗어나면
그토록 보고 싶고 그리워했던 너를 만나겠지
너의 품에 안겨서 간절했던 그리움을 말하리라

너의 따스함이 내겐 얼마나 특별하고 필요했는지
누군가에게는 흔한 것 들이 그렇게 소중했다는 걸

- 엔솔로지 『가슴에 이는 파도』

숨어있는 벽

서있는 벽들의 감춰진 사각지대
단단한 성으로 몸을 숨긴 또 하나의 너는 통행을 허락하지 않는다
너의 무거운 자물쇠가 방문객 없는 무인도의 허상처럼 늘어져 있고 침묵은 마른 침만 삼키고 있다
주인 없는 대화는 철저하게 버려지고
온전하게 정지된 정적은 침범할 수 없는 또 하나의 장벽이다
너의 깎아지른 절벽 앞에 긴 한숨의 노예가 되고 엄습해 오는 두려움은 초점 잃은 피사체처럼 흔들린다

열쇠를 잃어버린 아이는 당황하다 담장 너머로 힘겹게 책가방을 던지고 벽들로 둘러진 골목길을 달린다
두려움의 벽은 둑길을 달려 개천을 건너다 무릎이 깨져도 일어나 달린다
분주한 시장 속 안전지대 들어서며 안도의 참았던 울음을 터뜨린다
모든 것이 변하고 수많은 벽들이 더 높이 올라가도 엄마는 한 번도 벽을 가지고 있지 않았다

보이는 벽과 보이지 않는 벽
두 암벽은 어른이 돼서도 여전히 같이 있다

너의 정체성이 가벽인지 실벽인지 비어있는 무중력한 중력이 오랫동안 제 자리에 머문다

거대하거나 아주 작거나 오롯이 모호한 경계에 머무르다 닥쳐오는 준비 없는 새벽이다

그 두려움에 넘어져도 다시 일어나 너를 극복할 수 있는 용기로 맞선다

넘어도 넘어도 마주치는 두려움을 알면서도 이젠 느긋하게 너를 마중나가 있는 나를 본다

내 몸의 블랙박스

컨디션은 대체로 정상인가
모든 기능의 안전 수치를 확인한다
미로처럼 복잡한 몸을 투시하며
렌즈는 오차 없이 감지를 하고 있다
어제 마신 술로 아직 간은 해독 중
저녁 회복 가능한 숫자가 깜박인다
채널을 바꿔 카메라가 밖을 본다
봄날의 뿌려지는 빛 가락 사이로
꽃잎이 물에 젖어 갈 곳을 찾는다
비 갠 하늘 태양의 몸살이 더 심하다
너는 가식 없는 메시지를 전달하고
실제 영상을 여과 없이 보여준다
내 세상의 풍경이 입력된 블랙박스
너를 재생시켜 과거를 들여다본다
몸은 미리 케어할 수 있어 고맙고
내면은 돌아 볼 수 있어 감사하다
영원히 삭제되지 않을 시작과 끝
그 속에 들어있는 나는 행복하다
편집 불가능한 너는 완벽한 작품
나를 매일 스캔하는 나만의 스토리
시간의 조각들이 열리는 어느 날
생이 아름다운 기억의 캡슐이길

지금도 너는 최고의 순간을 포착한다

공중전화

줄을 서 발을 동동 구르며 재촉하던 사람들은 어디로 가버렸을까
행여 찾아줄까 실바람에도 촉각을 세우는 하루가 따분하고 지루하다
환희의 기쁨과 애절한 고백도 슬픈 흐느낌까지 온전히 받아 주는 게 내 몫이었다
배고파 우는소리에 구릿빛 사탕 급하게 물려주며 달래주던 그녀
얼마나 안도의 숨을 쉬었던가

쏟아지는 언어의 파편들이 구불구불 좁은 길 빠져나가 어느 곳에 쌓였다 부서지는지 알 수 없다
진실도 거짓도 걸러내지 못하고 고스란히 받아먹고 침묵만 지킨다
가끔은 고함지르며 내동댕이쳐도
고개를 떨군 채 또 기다린다

그런 날에는 상큼한 웃음 날리며 애기하던 그녀가 생각난다
이번 설엔 못 내려간다고 울먹이던 가녀린 어깨의 잔물결도 안쓰러운 여운으로 남아있다

수없이 뱉어내는 웃음과 눈물을 삼키면서 전해주던 내가 거리에 백수로 고립된 지 오래다
상실한 모습으로 우두커니 서있는 나는 기억도 희미해져간다
작은 분신들이 빠르게 움직이며 영역을 흡수하면서 나를 망각한다

정류장 앞 누군가를 기다리다
내리는 소나기에 내 안에 들어온 그녀의 눈빛이 낯익어 보인다
달콤하게 속삭이던 목소리
봄 햇살 같은 미소마냥 행복했는데
그녀는 모르는 체 작은 폰의 액정만 보고 있다

나는 더 이상 비에 젖지 않도록
그녀가 기다리는 그가 올 때까지
바람막이가 되어 지키고 있다

오래된 교각

부식된 골절 사이로 바람이 분다
해거름에 늦을세라 연이은 발길
느리고 조심스럽게 구르는 소리
얹어있는 짐의 묵직함에 뻐근하다
하품하는 아낙의 엉덩이가 질펀하다
직각의 면은 거친 숨을 몰아쉰다

해질녘 거나하게 취한 쑥대머리
한 대목이 구슬프게 울린다
짊어진 가장의 어깨가 나를 닮았다
휘청거리는 다리 부여잡고
다시 부르고 또 부르다 스며든다
짙어가는 노을 속 빨려 들어가는
마른 입술 사이로 미소가 흐릿하다

갈라지는 틈 사이를 막아주던
미장이의 넋두리 푸념이 그립다
너도 나와 같구나
제 자리에 서있는 게 버겁구나
비벼대는 장작 손이 부서질 듯
오래된 흔적이 마디마디 쌓였다

쉼 없이 내어준 나의 긴 여정
익숙한 걸음과 노래가 뜸해질 때
나를 지났던 시각의 기억들이
든든한 버팀목의 교각이 되어주길
산 아래 굴뚝 너울이 작아지면
설익은 밥은 천천히 익어간다

라일락 짙어가는 사월의 푸른 밤
내 여독은 별빛 아래서 고요해진다

- 계간 〈스토리문학〉 2016년 가을호 등단작

구속된 아침

굳게 닫혀버린 마음엔
칠흑 같은 슬픔의 종족들이 모여든다
오래 머물지 말고 떠나주길
어둠은 내 영혼을 훔치고
태양을 주워 삼킨 달빛마저 검은 미소를 짓는다
해는 떠올라도 아침은 여전히 오지 않는다
폐허 속에 잠긴
사라진 꿈과 희망은 등대 없는 검은 바다
빛을 잃은 배는 방향을 잃고
파도의 장난질로 허우적대다 침몰한다

일이란 작자하고 꿈꾸듯 긴 동거를 하고
성공이란 짧은 행복도 낳아봤다
젊음의 자유는 먼 나라로 여행 갔고
뜨거운 열정의 추억은 비어있다
틀에 갇힌 단세포 인간처럼
일 자체로만 행복했다

거센 폭풍이 몰아치고
칼바람은 순식간에 베어간다
휩쓸고 지나간 자리는 상처뿐
메꾸고 감아주는 일만 남겼다

한없이 추락하여 좀비처럼 버텨도 떨어지는 스피드를 잡을 수 없다
절망의 두려움은 뿌리째 엄습해온다
거울에 비친 낡아버린 내 모습
움직임조차도 둔한 영혼의 실체 너무 멀리 와 버렸다

꿈틀대는 욕망이 실눈 사이로 들어오는 빛을 감지한다

빈둥지증후군

의욕의 상실인가
무의식 속의 자아는 움직임이 없다
노도처럼 밀려오던 기억이 물거품으로 꺼져간다
건조해진 공기만큼 지독한 존재감의 상실
말아진 두루마리 휴지가 시간을 녹아내린다
빗줄기에 쓸려가는 퇴색된 낙엽의 울부짖는 소린가
일탈을 꿈꾸는 허상은 일어나라 하는데
바닥에 달라붙은 등 사이로도 바람만 분다

이른 새벽 익숙하지만 낯선 거리를 걷는다
밤새 기다렸다는 듯이 이슬은 빛을 빨아대고 있다
이유 있는 모습 그 이유만으로 충분한 여유가 좋다
깊은 심연에서 푸른 고래의 노래가 들린다
비로소 한 걸음씩 밖으로 걸어나가는 나를 본다

마침내 그녀는
빈둥지증후군에서 탈출한다

2부

기적을 소리로 듣는다

도시의 전설

빛과 어둠이 공존하는 도시
터질 듯한 물질만능 아우성은
절대적 지배 앞에서 허물어진다
꿈꾸는 이상적인 미래는 없다

밤거리 누더기 입술은 무법으로 포개지고
황량한 거리에 바람만 처량하다
모서리로 세워진 잔혹한 현실
날이 선 벽에 기대어 울고 있다

덕지덕지 붙어있는 고단한 일상
쏟아지는 한숨 뿜어대는 담배연기
찢어질 듯 지르는 아픈 고함은
삶의 고통스러운 신음소리다

어디로 가고 있는지
빛을 따라가는 건지
어둠 따라가는 건지

새벽은 오지 않고
정처 없는 시간의 슬픔만 고여 있다

흔들리는 초상

오래도록 쌓아올린 면들의 분열이 바람을 빨고 있다
갈라진 틈새로 두 얼굴에 백작이 서있다
익숙한 안면의 두 얼굴이 초면처럼 낯설다
가로등 벗 삼은 회색빛 비밀
내면의 실체는 탈출이 어렵다
별들은 오늘 밤 어느 면에 쉬어갈까
터줏대감 고요는 길 잃은 손님들의 잦은 방문에 고달프다
인내의 한계는 흔들려 조금씩 떨어진다
투덜대며 빠져나가는 영혼의 조각들
깨진 균형 때문에 오래 서 있을 수 없다
지면도 헐렁해져 체면이 안 선다
요동치는 분열로 널브러진 잔해가 두려워 변명을 일삼는다
보도블록 면 위에선 하이힐이 춤을 춘다
젖은 낙엽을 태우고 구르는 돌을 삼켜도
노쇠한 얼굴에 상처는 문신처럼 남아있다
성난 바람에 생의 단면이 속절없이 쓰러진다
파라다이스의 달콤한 휴식은 망각의 그림자를 눕힌다
바람 앞에서 촌각을 다투고 있는 두 면
둘만의 평화는 언제 찾아올 것인가

잃어버린 시간

파도의 진노 사라진 죽은 바다
약속한 바람도 무심히 잠이 들고
두뇌의 흐름도 멈춰 고요하다

치렁치렁한 삶 그물에 매달려
늘어진 설움은 고통을 뜯고
해맑은 영혼 사그라든지 오래다

새벽은 빗장 걸고 어둠은 열렸다
시름의 한숨 날 새는 줄 모르고
사고의 주제를 수없이 갈등한다

투쟁하듯 살아도 균형은 깨지고
삶을 기만하다 후회로 돌리기엔
혹독하게 치러야 하는 긴 기다림

과연
신은 시작의 조건을 평등하게 주었을까
나는 그 조건에 불충분 존재인가

밤새 불멸의 갈등을 삼킨 흔적
하루를 가지려는 자와 훔치려는 자

내일은 안개 속 미래로 숨었다

언제쯤 갇힌 새벽의 문은 풀릴까

그 자리에 있다는 건

고즈넉한 암자에 비가 내린다
깊은 골을 찾아 올라야만 보이는 곳
발길이 끊어진 지가 언제였을까
시간을 거슬러도 떠나지 못하고
새벽을 맞이하고 또 밤을 새우고 있다
흐르는 물 사이로 버티고 간 세월
오래된 기둥 허물어진 흙담은
지나간 바람의 흔적인가

인적 없는 암자에도 풍경은 울어댄다
간간이 탑을 돌던 고양이 한 마리
가만히 보니 부처를 닮았구나
낡아서 더 아름다운 것들이 과거를 깨운다
해와 달을 벗 삼아 피고 지기를
그대로를 받아들이며 변함없이 제자리를 지키고 있다

여기까지 오기가 얼마나 힘들었던가
나는 고개를 숙이고 합창을 한다
어느 것도 부럽지 않은 삶의 풍경
작은 암자의 하루가 조용히 저물어간다

재난의 묘지

- 토종 고산나무를 보며

하얗게 타들어가 말라버린 가지 위로
까마귀 울어대는 고산은 끔찍한 몸살을 앓고 있다
서서 죽은 황폐한 나무는 울창했던 숲을 기억할까
벼쭉정이는 불모의 화상을 입은 채 늘어져 있고
바람 사이로 들리는 뜨거운 노래는 신음소리인가
가뭄과 태풍 폭우와 폭염으로 상흔은 늘어간다
잔잔한 저 심해는 폭발 직전이었던가
해일의 분노는 괴물이 되어 쓸어간다

모든 것을 앗아가는 재난의 방정식은 무의미하다

광도

하늘과 바다가 허락해야 닿을 수 있는 곳
여름의 끝자락에 표류하는 작은 정원을 만난다

뭍은 멀기만 하고 해면이 마당인 오지의 작은 섬
누가 살고 있을까
오르고 올라야 볼 수 있는 오두막집
어린 꽃처녀는 해풍에 늙어가고
노을이 짙은 저녁이면 늘 마중을 나간다
돌아오는 작은 배가 보이면 안도의 눈물은 변함없다

거친 바람이 시도 때도 없이 불어대는 섬
며칠째 변덕스러운 날씨로 모든 게 침묵 속에 묻혀 버렸다
푸른 물만큼이나 성난 파도는 정박되는 것을 보지 못한다

가파른 경지에 버티고 서 있는 섬
맑은 날이어야 물질할 수 있는 할머니의 가슴은 애가 탄다
없는 게 더 많아 농부도 되고 해녀도 되고 백정도 되어야 살 수 있는 섬

태풍이 오면 섬 꼭대기까지 때리는 파도는 모든 것을 삼켜버린다

다 지나가고 나서야 바다도 섬도 편안해지는 섬
통발을 걷는 굽어진 허리가 쉴 틈 없이 파도를 친다
뱃고동이 울려도 낯선 얼굴은 없다
육지에서 실려 온 물건들만 내려놓고 되돌아간다
추억만이 남아있는 노부부의 하루가 저문다

거스르지 않고 살아야 하는 바람의 섬 광도의 바람은 오늘도 변함이 없다

- 엔솔로지 『여름의 반란』

터널

머무르길 원하지 않고 내장을 훑고 빠져나간다
빠른 속도로 도주하는 회전은 한계를 망각한 채 열을 토하고 사라진다
감정의 꼬리가 오래 머물지 않고 정해진 거리
이방인의 불빛들이 늘어 갈수록 거름막도 소용없는 버겁기만 한 폐활량이다
가깝고도 먼 길 위에서 마음만 급해지는 순간
내 안의 탈선은 빠져나갈 수 없는 위험 수위를 만든다
외마디 비명 소리는 흐름을 멈추게 하고 답답한 한숨 소리가 매연 속에서 연달아 이어진다
짧지만 서두르다 벗어나지 못하고 간혀버린 절망들이 유령처럼 떠돈다
철없는 날갯짓으로 답답한 탈출을 감행해도
짧은 눈맞춤은 순간 어두운 추억이 돼버린다
허물을 벗고 나갈 수 있다면 태양을 만날 수 있을 거야
길 위의 장님이 아닌 나는 바깥세상이 보고 싶다

촉촉하게 내리는 비 때문이었을까
꽃잎 하나가 찾아왔을 때 비로소 봄이 온 걸 알았다

낯선 곳에서

비가 내리는 항구는 비어 있었다
담배연기는 바람 속에 묻혔고
처마밑 서 있는 나는 뼛속까지 시려온다
수족관 잡혀온 고기처럼 난 굳어 있었고
어딘지도 모르고 왜 왔는지도 알 수없다
낯선 이름과 낯선 얼굴들
모든 게 처음 보는 풍경이다
가로등이 밤을 밝혀도 보이지 않았다
빗물에 섞여져 버려지는 그리움과
요동치는 또 하나의 서글픈 사랑
꼬리를 무는 통증의 하얀 기억들

비릿한 눈물에서 바다의 향기가 난다
바람이 체온을 앗아갈 때 비로소 난 알았다

가고 없다는 걸
그래서 이렇게 떨리는 있다는 것을

시간의 비밀

짧고 긴 여정의 한 페이지를 보낸다
그토록 움켜졌던 젊음도 한순간
인생과의 약속이 얼마나 허무한가

나를 믿고 가진 바람의 세월만큼
사력을 다하면서 모자랐던 순간들
천년을 다하여도 가질 수 없는 시간

낯선 눈동자들이 더 힘들어지고
잠든 시간이 행복한 천국이어라

새롭게 내게 들어온 소중한 사람
사랑할수록 커지는 묘한 그리움
한 걸음 걸음마다 그대가 보인다

내게 남은 여정
그대와 비밀의 시간을 갖고 싶다

착각의 시간

안이한 착각의 오류는 경로 이탈로 추락한다
밑그림의 허술함이 조롱하듯이 틈을 넓히며 갈진다
종속된 구성만큼이나 개념을 상실해 껍질만 남는다
무너진 그곳엔 생채기만 심한 악취로 재생을 거부한다
오랫동안 안고 갈 흉터만 낙인되어 굳어간다

매장된 내 안의 에너지는 고갈되지 않았음을
축적된 자산 버릴 수 없는 여지는 남아있다
격렬하게 싸울 이유도 상쇄해버린 지 오래
아주 느리게 천천히 가야겠다

폐허의 땅에도 비는 내리고 바람은 지나간다

나의 시나리오는 아직 끝나지 않았다

늪

비가 내리는 바다도 가뭄으로 울부짖고
대폿집 밖으로 간간이 새어 나오는 건 흘러간 노래다
사라지고 싶다는 것은 머물고 싶은 반항일까
쏟아지는 건 비를 가장한 흐르는 눈물뿐이다
파도의 통곡은 살고 싶다는 고래의 절규인가
가려진 커튼 밖으로의 웃음소리는 누구의 비명인가
버려진 병들은 무거운 굴레를 채우고 나뒹군다
또 하나의 사람이 희미해져 간다
차가운 한기가 체온을 앗아갈 때 비로소 난 알았다
이젠 모든 게 가고 없다는 걸

그래서 이렇게 떨리고 있다는 것을

섬

잦은 파문이 끊임없이 찾아오건만
수면 위 정원은 흔들림 없이 고요하다
묻어버린 밀회를 꺼내는 건 뜨거운 태양 탓일 게다
민낯을 드러내고도 도도한 여유는 무엇일까
어디서부터 흘러와 여기에 있을까
달빛이 손을 내밀면 수면 속 비치는 또 하나의 섬은
서로를 투영한 체 기대어 잠든다
섬도 안개를 걷고 깊은 잠에서 깨어나는데
대책 없이 묶여버린 나를 섬이 품었을까
스스로 가둬버린 걸까
다시 보내야만 하는 가슴의 멈추어버린 이야기인가

바람이 섬을 훑고 지나가도 나는 떠날 수가 없다

아궁이

바람이 불때마다 시린 가슴에 운다
해가 지면 눅눅해지는 습한 두려움만 어김없이 나를 채우고 있다
깊고 어두운 밤엔 가버린 너의 체온을 그리며 뒤척이다 새벽이 오고 간다
젖어 우는 너를 거부한 잘못이었을까
모질게 밀어낼 수밖에 없는 건 타고난 운명이었을까
가끔은 맞지 않는 성격에 등을 돌린 게 이젠 식어버린 가슴에 재만 남았다
불꽃처럼 타올랐던 오래된 열정이 차츰 식어들 때 너는 점점 뜸해졌다
낯선 이방인의 호기심은 짧은 필름으로 찍힐 뿐 돌아오지 않는다
여운이 짙어질수록 부석거리며 떨어지는 파편들이 늘어만 간다
말라버린 삭정이를 받아들였을 때 너는 든든하게 버틸 수 있는 고목을 주었다
조심스럽게 들어온 너를 달래고 불어주던 간절한 입김은 어디로 가버렸나
사그라진 불꽃에 검게 그을린 미련만 돌아누워 있다
나를 잊고 시간을 초월한 사랑은 어느 곳에서 타오르고 있을까

구멍난 지붕 위로 별 하나가 서성거리며 쉴 곳을 찾고 있다

그래 오늘 밤은 너를 품고 새가 울 때까지 죽음처럼 깊이 잠들어 보자

- 엔솔로지 『달큰한 감옥』

문밖의 그를 보내며

바람이 훑고 지날 때마다 울부짖는 건
부서진 영혼의 종주곡인가
굉음을 울리며 거침없이 폐부를 찌르고 다시 파고든다
부식된 내장의 끊어질 듯한 비명도 무시한 채
약속을 지키기 위해 다급히 발만 동동 구르며 재촉했다
조금 전까지도 이상 없었던 그가 굳게 문을 닫았다
쌓여진 성체의 녹슨 잔해들이 멈춰질 때
빈틈없이 타인을 금지 시키며 나만을 허용했던 그가
무장해제를 하고 안전지대의 문을 열었다

급하게 외출을 준비하고 나갔다 돌아왔을 때 문고리 위로 낯선 얼굴을 본다
이별의 순간도 잠시 해체된 기다림은 어디로 갔을까
그저 영혼 없는 지킴이에 불과했다고 서글퍼하지 않았을까
치료할 틈도 기회도 주지 않고 낡고 무능력한 그를 해고해버리고 건강한 문지기로 교체했다
익숙한 공감이 차갑게 떨어져 나갈 때도
고맙다는 인사는 그가 아닌 짧은 노동의 대가였다
아무 때나 눌러대도 내 메시지를 인식해 대답했고

묵묵히 내 밖을 경계하고 내 안을 보호해주던 그
소임을 끝내야 들여다볼 수 있었던 그리움이었나
가끔씩 반짝거리는 건 원망인가
오랜 기다림을 벗어나 처음으로 내게서 자유로울 수 밖의 없었던 그
불현듯 미안한 마음으로 그동안 지켜줘서 고마웠다고 그리고 수고했다고
그의 남겨진 사랑을 주워담았다

말을 타고 있을 그녀에게

살모사가 품은 것은 독이 아니라 썩은 사과였다
원하는 곳에 풀어놓고 음흉한 혀를 날름거리며 주변을 위협한다
들도 산도 호화판 저택도 약속된 축복이었나
말을 타고 달리는데 아무런 저항을 받지 않았고 두드림을 몰라도 육중한 철문은 자동으로 열렸다
얽매이는 것은 무엇도 존재하지 않았다
빌빌대는 교수는 문자로 받은 과제의 학점을 모셔놓고 그녀의 영혼으로 수강도 대처하고 있었다
오르지 못할 산도 없고 벽도 존재하지 않는 안하무인 행보의 무너지는 자괴감은 두터운 장벽을 만들었다

말은 말을 타고 말들로 이어져 막말을 쏟아내고 막돼먹은 추한 말로 말문을 막히게 하고 말도 안 되는 말을 말이라고 지껄이고 깔아뭉개다 음해라고 막나가는 욕설로 비웃으며 팔자 좋은 그녀는 날뛰는 말들을 날리고 말 잘 듣는 노련한 말을 타고 말 달리자를 외치고 있다

황망한 사막의 꽃들이 모래바람에 울고 있다
정의는 죽었고 귀족의 탈을 쓴 횡포만 살아있다
벗겨지는 추악한 껍질은 악취로 진동하고

가면 속 진실은 멍든 채 헐값으로 팔려갔다
박탈되고 상실되는 치열한 청춘들은 폭발하고
내일을 보장하는 도서관 책들만이 공허하게 시간을 죽이고 있다
바람도 슬픈 날 가을 편지를 쓴다
어디에선가 말을 타고 있을 그녀에게
모두에게 공정한 세상은 어디로 가고 푸른 초원을 막무가내로 달리고 있는가
마마보다 무서운 호환마마를 가진 공주마마에게
진실의 파발마를 보낸다

술 1)

보이지 않는 답을 찾아 오늘도 마신다
얼마나 더 마셔야 새벽은 찾아올까요
비워도 비워도 채워지지 않는 가슴은
얼마나 더 비워야 따뜻해질까요
야속한 세상 휩쓸려 쓰러진 술병들
얼마나 더 많이 뒹굴어야 평화는 올까요
친구야
바람은 답을 안다는데
얼마나 더 아파야 대답을 해줄까
신은 모르시나요
강물 되어 씻겨가는 술잔의 고뇌를
얼마나 고개를 더 돌리고 모른척하실 건가요
오르고 또 오를수록 뜨거운 심장
얼마나 더 올라야 하늘을 볼 수 있을까요
들리는 건 출렁이는 잔 속의 신음
얼마나 더 부딪혀야 웃음소리 들릴까요
폐허 속에서도 꿈틀거리는 희망의 몸부림
바람은 알고 있다는데 그게 사실일까요
친구야
시간도 취하고 낙엽도 취해 늘어져 잠이 든다
무심한 바람은 어제처럼 그냥 지나가는데?

---

1) 가수 밥 딜런의 가사 "바람만이 아는 대답"을 패러디함

침묵의 예언자

푸른 섬광이 칠 때마다
몸부림치는 흙빛 구름 아래
지구 전리품들의 무방비 저항
하늘은 분노로 가득 차고
빛의 공격으로 갈라지고 무너지는
아비규환의 추락하는 절규
폼페이의 망령일 거야
달의 몰락이겠지

폐허 속에 비가 내린다
아껴둔 와인을 비우는 사람들
달콤한 목 넘김의 황홀한 추억과 이별
들려오는 고래의 주파수는 더 이상 노래가 아니다
소용돌이 속 빨려 들어가는 화려한 시간의 자유
심장의 파문이 요동치고 자줏빛 입술이 파르르 떨고 있다

변질된 오염이 악취로 진동하고
치유하지 못할 바이러스의 감염
신도 무심해 버림받은 땅
빛을 잃어버린 어둠의 지구
완벽한 무법의 파괴자

무너져 사라지는 데는 오래 걸리지 않았다
통제 불가능한 절대적 시스템

후회는 늦었고 기회는 없다
두려움의 범벅된 눈물만큼
무너진 삶의 혼란 앞에 대처란 없다
하강할수록 균열의 변동은 강하게 흔들린다
안전한 맨틀에 진입할 수 있을까
지구 밖으로 흩어져 뒹구는 영혼들
공존할 수 없이 파괴된 영토
돌이킬 수 없는 아름다운 나라

매캐하고 건조한 바람만이 가득한 허공에 별들이 반짝인다
가장 빛나는 별을 손에 꼭 쥐고 돌아가리라
사라진 것들과 광란의 공간 녹음의 분열
다시 꿈꾸게 한 선물이었다

천국으로 가는 계단인가 새로운 시작의 만찬인가

그렇게
지구는 해킹 당했다

자연의 강력한 힘 앞에
나약하고 무력한 인간의 끔찍한 비극.
그건
우리가 만든 최후의 자화상이었다

조화

이게 무슨 조화일까
조화롭지 않은 장소에 조화가 되어
조화를 만들고 시선을 맞추는 그녀
죽어갈 세포도 없고
쇠약해질 슬픈 연골 따윈 필요하지 않다
빚어낸 정교한 자태 매혹적인 얼굴
빈틈없이 정화된 그녀가 부러워 성화다
잎새에 맺힌 이슬도 보석되어 흐름을 정지하고
조화롭게 박혀 승화한다
순도의 매혹이 도를 넘어서는 그녀가
클래식 탁자 위 시화를 지킨다
초라하지 않고 흔들림 없는 도도함
범접할 수 없는 치명적인 완벽체
목마름이 없는 부조화의 조화로
역행을 조화롭게 이끄는 생이 철저하게 아름다운 그녀다
공간의 조화를 소리 없는 테마로 진화해가며 조화를 부린다
그녀를 누가 조화라고 부를 수 있나

끌려가는 수레 위 하얀 국화의 눈물
검은 그림자가 질질 바퀴에 매달려간다

빛과 어둠이 겹쳐져 울고 웃는 시공의 편협이
포개진 입술로 비화한다
어느 것이 진실의 결정체일까
분별할 수 없는 불투명한 시각의 부조화의
그녀는 진실의 조화다
퇴화하지 않는 완벽한 신화
조화롭지 않은 부조화 속에 조화로운 그녀가
향기를 감춘 것은 무슨 조화일까

상처를 모르는 그녀가 가끔은 신비의 기적으로
심장이 뜨거워지는 야화를 꿈꾼다
그녀는
오늘도 조화로운 조화로 완벽한 조화를 만들고 있다

바늘과 선

정해진 선을 따라 곧은 선에서 출발한다
탈선은 용납되지 않는다
탈선하는 순간 처음으로 돌아가 다시 시작해야 한다
평행선은 안정선이지만 긴장을 풀거나 이탈을 꿈꿔서는 안 된다
뒷걸음질 칠 때는 날카로운 신경이 오던 길을 기억하며 되새김질한다
길을 접은 두선이 겹쳐져 터널을 만들 때면 나는 헉헉대며 정교함을 더 구한다
귀를 빠져나간 구멍 사이로 바람이 불면 간이역에 잠깐 머무른다
가는 실선이 다시 들어오고 짧은 휴식은 점선처럼 그렇게 끊어졌다
능선을 돌고 돌아 돌아선 자리엔 기다림의 선들이 길게 늘어져 있다
난도가 높은 곡선을 만나면 천천히 조심스럽게 지나며 위기를 넘긴다
뻣뻣해지는 몸이 서서히 굳어가고 걸음은 무겁게 옮겨지며 흔들린다
몇 방울의 유분으로 나를 달래주며 다시 조여준다
순종하는 버릇을 가진 나는 바로 유연해져
피곤함을 망각한 채 선 위를 달리고 있다

때로는 막다른 길목에서 혼선을 부르고 위선을 떨지만
오래가지 못하고 수선을 만들지 않게 한다
반복된 실수는 흔적을 남겨주기에
목적지까지는 경계를 늦추지 않고 완전 탈환을 꿈꾼다

수만 번의 땀선으로 도착한 종착역
그건 나만이 넘어올 수 있었던 고지였다

- 엔솔로지 『가슴에 이는 파도』
- 계간 〈스토리문학〉 2016년 가을호 등단작

샤워기 사랑

그는 나를 목메어 기다린다
매일 아침 그와의 데이트는 상쾌하고 부드럽다
청량한 목소리 따뜻하면서도 냉정한 그는 지독하게 기다림을 못 견뎌한다
저녁까지 속을 텅 비워둔 채 볼 때까지 시위한다
축 늘어진 주름 사이로 차가운 냉기마저 돌고
이내 달래주지 않으면 매달린 채로 말이 없다

나는 노련한 조련사다
그의 손을 잡고 달콤하게 속삭인다
보고 싶었다고

언제 그랬냐는 듯 따뜻한 목소리로 노래를 한다
쏟아내는 경쾌한 리듬감은 최고의 선물이다
하루의 피로를 완벽하게 풀어주다
서서히 차가운 소리로 나를 긴장시킨다
부서질 때마다 빠져나가는 오염된 거품 꽃
나의 하루는 흐르고 또 흘러서 강으로 흐른다

어느 순간부터 나는 꿈을 꾼다
혹여 마법에 걸린 남자일까
그는 내가 모르는 시간에 내 안에 재취를 맡고 있나

오랫동안 걸린 주술이 풀려
매력적인 남자로 돌아오길 간절히 바라는
알 수 없는 호기심과 흑심
잠잠하다 무슨 여운이지 눈물방울 뚝뚝 떨구다
목메어 나를 바라본다

괜찮아
나는 죽는 날까지 널 원하고 사랑할 테니까

기적을 소리로 듣는다

바람을 잘라 쓸어 담아도
빈 자루는 공허만 쌓일 뿐 허전하다

트레일러 허덕이며 가슴팍 뚫고
잠든 호수 헤집는 고독한 낚시꾼
밤이슬에 담장 넘는 배고픈 고양이
책장 밑 누워 세월 좀 먹는 드라마
숙련된 노숙자의 메아리 없는 고함

그렇게 허허벌판 메마른 곳에서
걸음마를 하다 마라톤으로 달려도
던져 버린 인연 강을 건넜고
기회의 고리 술 잔 속에 묻혔다
죽음 같은 하품 별을 몰아넣고
낙화의 비명 바이브레이션으로
도시를 흔들 때
무심 속 잠들어 있는 욕망
내 진입장벽은 비상구를 찾는다
허상이 비상으로 서성거린다

- 엔솔로지 『가슴에 이는 파도』

3부

바람이 머무는 곳

시드니의 밤

제 몸을 부딪쳐 울부짖던 파도는 둘레길 허공에 간간이 비를 뿌리고 있다

태양을 마주하며 걷고 뛰어도 흔적 없이 지워지는 바람의 언덕

보이지 않는 시간과의 전쟁은 머무르지 않고 지나가 버린 과거를 만든다

남태평양의 수평선은 안개에 싸여 끝을 알 수 없고 갈매만이 물 위를 되새김질하고 있다

나는 어디까지 걸을 수 있을까

덜어내고 비워내도 다시 채워지는 욕망은 길고 긴 전쟁이었다

수많은 겨울을 보내고 봄을 기다리며 다시 여기까지 왔다

낮은 지붕으로 별들이 쏟아져 내린다

검은 수면의 투영된 도시는 하루가 잠들어가도 여전히 깨어있다

깊은 그림자의 세워진 불빛들은 도시의 함정인가

별은 쏟아져 내리는데 잠 못 드는 마음 헤아릴 수 없다

강화도

거센 바람도 견고한 성을 돌아가야 한다
노리는 길목을 막고 발길을 돌리기를 수없이 반복한다
이 길을 허락해 주면 절망만 있기에
고난의 슬픔을 온몸으로 지켜야 했던 인고의 섬

섬 곳곳에 쌓인 능선을 오르면 풍경소리가 들려온다
천년의 고찰은 고즈넉한 저녁을 품고
처마를 받치고 있는 조형물은 말하고 있다
방패막이로 버티어온 수난의 섬 이야기를

태고의 신비를 가지고 있는 섬
갯벌이 꿈틀거리면 철새들은 바쁘다
피고 지는 것들이 여전히 지나가도 강화도는 자리를
굳건히 지킨다

사내와 소년

길 위에 구르는 돌멩이처럼
차이는 대로 구르는 대로 가 서있다
널브러진 간판들이 네온을 밝혀도
꼬질꼬질한 사내의 구차한 기침소리뿐
대폿집에 소주잔 부딪히는 소리
고개 숙인 그가 길모퉁이에 버려져있다

그 사내

작은 소년의 미소가 그립다
얼어붙은 빠알간 볼 사이로 하얀 치아
가릴 것 없는 해맑은 웃음이 아려온다
다시 볼 수 없다
이젠 다시 볼 수 없다
그래서 아프다

잠든 새벽에

치렁치렁한 삶 그물로 엮인
늘어진 설움은 고통을 뜯고 균형을 잃었다
새벽을 여는 길고 긴 시름의 한숨은 날 새는 줄 모르고
어지럽혀진 생각을 수없이 바꾸어본다
투쟁하듯 살아도 순간 기만하다 혹독하게 치러야 하는 긴 기다림

과연 신은 시작의 조건을 평등하게 주었을까
나는 그 조건에 불충분 존재인가
밤새 불멸의 시간을 삼킨 흔적
하루를 가지려는 자 훔치려는 자
제각기 다른 움직임만 분주하다

빨리 설레는 새벽을 가지고 싶다

비금도

고립된 자유를 가진 돌산 길섶은 뭍이 그립다
쪽창으로 스며드는 순백의 빛을 질투한 걸까
태풍은 고요를 침범하고 평온을 해체시킨다
구멍난 잎들은 주저앉은 체 바람을 먹고
달을 품은 섬은 검은 육지를 바다에 감춘다
방파제 등대만이 길을 열어주고 인도한다
눈꽃 속에 피어난 박대 꽃의 빨간 진주알
염분 바람으로 성초의 몸짓은 분주하다
오르고 또 올라야 바라볼 수 있는 바다
신비로운 비경의 섬은 천천히 가라 쉬어가라 한다
어둠은 별을 쏟아내고
별을 먹은 바다가 심해 속 휴식으로 들어간다

지치고 힘들 때 먹먹하고 막막할 때 오라고
비금도는 말한다

- 동인지 『꿈꾸는 도요』

부재중이다

며칠째 흔들리지 않는 도라지꽃의 흐느낌인가
볼 수 없기에 가지도 못하고 굳어버린 채
어두운 밤이면 두려움에 떨다 지쳐 잠든다
하얗게 타버린 너의 그리움과
보랏빛 꿈속을 헤매던 내 그리움은
바람 따라 울고 흔들리다 떨어져버렸다

시작과 끝을 밟아가는 길 위에서 서성거린다
모든 게 부재중인 나의 것을 찾아

바람이 머무는 곳

돌아와 누운 자리 바람꽃 하나
어디서 날아와 벗이 되었나
탁주 향 피어나는 저녁이면
늙은 소년의 웃음은 흐르는 시가 된다
시간의 여백을 핥고 지나야 보이는 것
채워야만 했던 긴 여정은 끝이 없다
잠든 의식을 깨우는 작은 거인
마법은 아직도 다 풀리지 않았다
하늘 가까운 푸른 바람의 언덕
그리움을 따라가면 만날 수 있는 곳

바람을 사냥하는 자유로운 영혼
님은 여전히 소풍 중입니다

- 천상병문학제 시화전

솜이불

겨우내 같이 했던 너의 품속
잠시 작별의 시간을 가진다
늦은 저녁 바람의 거리에서도
피곤한 몸을 끌고
그 자리에서 나만을 기다리는
너를 생각하면 금방 아늑해진다
얼어붙은 가슴 한편을 보듬어
짙은 그리움도 녹여주던 너
보낼 준비가 되지 않아 망설인다
테라스 의자에 너를 뉘어놓고
햇살 가득 담은 차 한 잔의 시간
밤새워 원했던 너의 체온을
둘둘 말아 끌어안고 차버리고
식은땀 닦아주며 수면을 지켜주다
어느새 뒤집어쓴 재취의 흔적
우리는 욕조에 들어가 춤을 춘다
거품이 차오르면 하얗게 웃는다
너를 씻겨주는 매번의 상쾌함
투명한 물 흘려줘야 넌 탈출한다

너의 마지막 눈물 한 방울까지 흘려
긴 겨울 빼어버리니 날아갈 듯 가볍고
어느새 뽀송뽀송 빨랫줄에서 웃고 있다

바느질

길을 묻는 눈빛에 망설인다
원하는 손길로 달려갈게요
두려워 마세요 갈 수 있어요

정해진 길을 한 땀씩 걷는다
짧은 준비 긴 여행의 흔적들
어느 님의 가슴에 휘감길지

수만 번의 되새김의 발자취
서러움의 우는 고된 흐느낌
고운 자태에 통증도 몰라라

날카로운 너의 은빛 촉수는
거칠 것 없이 달리다 돌아보고
또 뒤돌아보기를 반복한다

푸른 모시 새겨진 사랑의 고백
창백한 달빛 아래 비친 그림자
밤새워 보낸 그리움의 달음질

어느새 이슬 내리는 새벽이 오고
저만치서 들려오는 발자국소리

방황을 거두고 내게로 온다

님을 향한 모시적삼의 기다림
그건 너무도 아픈 사랑이어라
진정 아름답고 고운 여정이어라

다시 너를 찾아서

사마천의 인내는 어디까지일까
파스칼은 365일 여전히 고뇌하고
황진이 적삼은 달빛에 떨고 있다
줄지어 서있는 백수 동지들

진달래 피면 소녀의 볼은 더 붉었고
목련꽃 반란에 순백의 신부가 되었다
어둠을 질책하듯 손전등 빛에
너를 보며 날 새는 줄 몰랐다
기습적인 압수에 너를 찾아 헤맸다
행여 잊을까 봐 고이 접은 책갈피
달콤한 꿈길이었고 미래였다
너의 메시지에 별을 걷고 또 걸었다

언제부턴가
다른 계절 다른 바람을 만나
화려한 유혹 끊임없는 욕망에
웃고 울다 희끗한 샛길만 늘어갔다
무관심의 서글픈 드라마는
공간을 벗어나지 못한 채 기다린다
너의 눈빛은 간절한데
아직도 낯설기만 한 재회다

나른한 봄 햇살에 너를 안아본다
열차의 회전이 느린 걸 보니 완행이다

광화문에서

악마의 속삭임으로 얼어붙은 유령의 도시가 뜨겁게 타오른다
누구의 장난으로 바람 차가운 이 광장을 가득 메우고 울부짖는가
달콤한 혓바닥의 놀아나 꼭두각시로 전락한 영혼 없는 웃음만 남았구나
아르바이트에 지친 몸도 모자라 밤을 새는 청춘들의 분노와
불경기 속 잠 못 들던 가장의 한숨
그리고 아내의 눈물이 쏟아져 바다를 이뤘네
저항의 몸부림을 성숙된 축제로 노래하지만
철부지 아이처럼 떼를 쓰며 저속한 변명만 하고 있는가
부당하고 억울한 일만은 없어야 한다는데
희망을 준다 해 놓고 절망의 끝을 보여 주는구나
어리석한 힘을 가지고 겁 없이 놀고 있었구나
요동치는 물결에도 내려오지 않고
여전히 미련을 버릴 수 없는 건 털지 못하는 욕망인가
두려운 현실 어두운 미래를 만들어 놓고
언제까지 꿈을 꾸지 않는 밤을 지속하게 하는가
이러려고 주인이 되어서 나라를 무너지게 하는가

변질된 바람은 썩은 냄새의 진동으로 최악이다
치열한 경쟁의 슬픈 삶이 서글퍼지는 날
비정상이 판을 치는 세상의 소리가 크면 클수록
신이 좋아하는 맑은 무위의 소리가 그리워지는 건
단절된 소통의 새 시대의 염원은 과연 존재할까

우린 진실을 보고 싶고 알고 싶다
그리고 다시 꿈을 꾸고 싶다

청산도의 밤

목마른 사람들을 가득 채운 배가
연이어 토해내고 다시 떠나는 선착장
심신의 피로도 무색해지는 섬
잠시라도 휴식을 맘껏 누릴 수 있는 곳이다
푸르름도 고요해지면 정박된 어선들은
해면을 깔고 재촉하는 새벽을 위해 잠을 청한다

잠들 수 없는 건 투명한 바람 때문일까
불빛을 좇아 선술집을 찾아 헤맨다

보리밭의 흔들림이 서러워 우는 걸까
떨어지는 꽃잎들의 몸부림인가
육지로 나가 돌아오지 않는 아내를
애타게 기다리는 사내의 한숨소리가
소박한 돌담 쪽창으로 새어나온다
불빛의 그리움은 누구일까

바람도 푸른 청산도의 무슨 이유로
나의 영혼은 이 밤 속절없이 떠도는가

별빛의 바다는 검은 가슴만 드러내고
파도는 살랑대며 하얀 유혹을 한다

다 잊어버리고 넓은 품에 안겨볼까
달빛이 사그라지고 새벽이 올 때까지
달콤한 밤바람을 핑계 삼아 놀아보자
타는 갈증을 깨끗하게 날려보낸다

울고 왔다 웃고 가는 청산도에서
술병이 늘어 갈수록 나는 비워져간다

황제[2])를 사랑한 소녀

어느 화창한 오후 소녀는
마법처럼 운명의 첫사랑에 빠져버렸다
그의 첫 오프닝
천지를 울리는 웅장함
장엄한 선율이 온몸을 휘감는다
거대한 울림 심장을 두드리고
영혼은 그의 포로가 되어버렸다

위대한 발견이었고 최고의 감동
완벽한 충격의 시작이었다

그를 듣고 보고 만지고
그와 사랑을 하며 하루를 보낸다
꿈의 왈츠처럼 우아하면서도
달콤한 키스 신경을 마비시켜
몽환적 환상의 세계로 인도한다
거침없는 열정 달콤한 속삭임
거부할 수 없는 전율이 유혹한다
온몸의 세포를 깨우고 재우기를 반복한다

---

2) 베토벤 피아노 협주곡 5번 '황제'

그의 눈빛은 평온으로 감싸주고
미지의 세계로 도전할 용기를 준다
거센 파문은 어느새 잔잔하고
호수로 강으로 바다로 돌아간다
소녀는 언제 어디서나
닮도록 늘어지도록 그를 원한다

나의 사랑
나의 영혼
나의 황제는
영웅이요 조련사요 정복자다
죽어서도 사랑할 수밖에 없는
이상이여 꿈이여 나의 스승이여

항아리

오늘은 오시려나
미끄러질 듯 고운 얼굴
가슴에 품은 사랑
햇살에 녹아들고 바람에 삭는구나

얼마나 더 기다려야
나를 보러 오실까
애끓는 이 간장을
그는 알고 있을까

누가 그를 잡고 있나
이 년만 기다려라
일 년만 참아라
내 그리움은 끝이 없다

그가 좋아하던 묵혀둔 된장
깊숙이 절여둔 장아찌
살얼음 동동 뜨는 동치미도
보고 싶어 안달인데

그는 오지 않고
눈치 없는 멧새 두 마리

머리에 앉아서 사랑놀이네
언제쯤 나도 그의 품에 안겨 놀아볼까

술이 술을 마시다

붉은 노을 카페는 짧은 오픈을 마치고
세상은 온통 그녀의 황홀함에 취해 고르지 못한 호흡으로 열을 뿜는다
서둘러 사랑하고 도도하게 사라진다 그래도 그녀를 사랑한다
남겨진 아쉬움의 목마름은 속절없는 미련만 남긴다

달빛 마담이
고고한 얼굴을 내밀면 달콤한 축제가 시작된다
노을의 잔상은 감춰두고 새로운 사랑에게 또 고백한다
한 잔 두 잔에 비워져 가는 술병이 늘어갈수록 고독하다
잔에 비치는 것은 지친 영혼의 흐물거리는 그림자뿐
모자란 사랑에 흐느낌이 이어진다

부어라 마셔라 독이 빌 때까지
텅 빈 가슴에 채워져가는 오래된 아름다운 청춘이여
씁쓸하고도 달콤한 독주는 목덜미를 훑어 내려가
통제 불가능한 연주를 한다
노래는 영혼을 마비시키고 기억을 훔치기 시작한다

어느새 그 님이 오셔서
내가 아닌 웃음 아닌 울음을 흘리고
신을 원망하고 세상을 비난한다

술이 술을 마시면 안되는 게 없다
늘어져 풀어진 혀는 신음하듯 토해낸다
다할 수 있다
부러운 것도 부러울 것도 없다
너와 함께할 수 있다는 게 얼마나 즐거운가
너의 청량한 부딪침에 온갖 시름도 사라 진다

새벽 종소리가 나를 깨우고 내쫓는다
안개 속으로 휘청거리며 걸어가는 뒷모습이 처량하기만 하다
작별의 인사도 필요 없다
해가지면 우연 아닌 필연으로 우린 또 함께 있겠지
달빛 마당의 교태가 익어가는 그곳에

소금꽃

태양은 굽고
해풍은 재촉하는데
뽀글뽀글 하얀 거품꽃 핀다

한 여름 백야는
눈밭을 만들고
진주처럼 뽀얀 알들 눈부시다

부뚜막 깔고 앉아 입맛 채워주고
발버둥치는 세상 숨죽이며 살라
하늘 어느 곳이든 빛으로 살라 하네

해야 바람아
너로 인해 꽃이 되어 떠나지만
나는 세상의 꽃이 되어 나간다

그녀의 위대한 유산

그녀를 처음 본 순간
설레는 가슴은 두근두근
부드러운 곡선 하얀 얼굴 오뚝한 코
뽀송뽀송 피부 나를 닮았다

국화꽃 향기가 진동하던 가을
그녀와의 동거
새벽닭이 울기 전 일어나
곱디고운 그녀는 나를 찾는다
파고드는 온기 나를 데우고
가느다란 손으로 어루만지면
이것은 꿈이라고

그녀가 움직일 때마다
모든 게 반짝거렸고
혀끝을 녹이는 그녀의 손맛은
가히 환상이다

나는 그녀와 한 몸이 된다
휴식을 주지 않는 부지런한 그녀
달빛을 태우다 쓰러지기 전까지
멈추지 않는다

살갗이 벗겨져 속살을 들킨 나는
아픈 숨을 몰아쉰다

헤져가는 내 몸
야위어가는 그녀
가뭄에 논바닥 갈라지듯 벌어진 그녀의 거친 발바닥
까칠하게 날카로운 비늘 되어
내 몸을 할퀴고 비벼댄다
상처로 너덜너덜 헤진 나를
하얀 조각 덧대주며 소리 죽여 운다

눈물나도록 고왔던 그녀
초라하지만 강한 여인
자식을 위한 끝없는 사랑이다
모진 고난 속 남겨진 것은
내 누더기 그녀의 센 머리

정화수 떠놓고 기도한다
주름진 이마 거친 손 곱게 모아
정갈하고 온화한 미소
그녀는 위대한 어머니다

그녀가 떠나고
나도 안식에 들어갔다
장롱 속 아늑한 휴식은 편안하다
가끔씩 꺼내 안고 소리 없이 우는
그녀의 아이
가장 소중한 유산이라고 말한다

격포 채석강에서

태고적 사연가 부서져 쌓인다
하얀 포말의 언어를 전해주던 옛이야기
겹겹이 포개진 수천 년 바위
인고의 페이지 수면 위 뜬다
교복 입은 채 뛰어올랐던
털털거리던 버스길을 달려와
내 서러움 함께 울어주던 곳
바위 걸터앉아 파도와 부딪친
쓰디쓴 소주를 처음 맛보던 날
두려운 미래 희망 없는 현실
참담했던 순간들 영상처럼 지난다
겨울 연가 찻집에서 새어나오는
청춘을 끝도 없이 주워 삼킨 날들의 기억

멀리 보이는 방파제 끝 안개 너머
스멀거리는 서글펐던 눈물들을 본다
억겁의 세월을 파도와 싸우면서
오가는 수많은 이야기 포를 떠
한 장 한 장 담다보니 층층이
두터워가는 검은 바위의 어깨가 무겁다
파도는 자꾸만 덜어내 달아나고
닮아져가는 틈도 주지 않고 우린

또 하나의 무게를 얹혀준다
어디쯤에서 우리네 인생은 멈출지
알 수 없는 순간들 스쳐가고 있지만
침묵 속 바위 살은 그 자리를 지킨다
채석강의 비밀들 영원히 묻힌다

은행나무집 아이

내가 태어나기 전부터 우리 집 수장처럼 너는 늘 그렇게 서 있었지

조그만 나는 하늘을 만질 수 있는 가장 유일하고 확실한 길이 있다면

무섭게 자라는 너를 오르는 일이라고 생각했어

햇살을 쏟아내던 가지 사이로 빛이 사라지면

나의 하늘은 가려져 보이지 않았지

늦가을 너는 알고 있었던 걸까

툭툭 떨구던 작은 눈물방울들 올려다볼 수 없어 모른 태 무작정 뛰쳐나갔던 거야

기차가 떠날 때 기적은 슬프게 소리쳤고 아무도 배웅하지 않는 낯선 길을 떠나왔지

너를 다시 만난 건 아마 어른이 되어서였을까

노란 잎이 덮인 대문을 열고 골목 어귀까지 마중 나와 나를 반겼지

지독한 향기조차도 너무 좋아서 손을 내밀 때

기다렸다는 듯 노란 손을 내게 주던 너

보고 싶었다고

언제나 그 자리에 있어 주어서 고마웠다고

우린 많은 날들을 헤어져 있었건만

마음은 늘 같이 머물러 있었구나

잎이 지면서 열매가 익는 것처럼

잎이 지면서 열매가 익는 것처럼
나도 그렇게 깊은 사랑을 하고 돌아왔지
천년의 기다림을 믿고 그리워하면서

이제는 그렇게 오랜 이별은 없을 거라고

- 동인지 『아내의 문장성분』

갈매기의 꿈

잿빛 하늘이 유난히 외로운 날
벅찬 감동의 비행은 시작됐다
수면을 박차고 비상하는 갈매기
두려움 없는 영역은 무한하다

살아있는 한 자유를 갈구하고
찬란한 물빛 독수리의 발톱도
내려다보는 세상의 신비로움을 방해할 수 없다

새로운 도전의 길 힘찬 날갯짓
둥우리가 없어도 낯선 생각의 꿈은
비행을 멈출 수가 없다고

가끔은 지쳐
물 위에 앉아 바다를 파먹어도
날 수 없을 때까지 날아보자
세상을 다 볼 거라고 약속한다

4부

어머니의 오월은

정월대보름달

대보름달의 첫 충천
대지를 열고 만물이 소생한다
고고한 생명의 발걸음 환하게 밝힌다
암줄 수줄에 고리 걸어 당기니
달을 여는 여신의 승리로다
밝은 불빛 살라낸 힘찬 기운이다
선착장 정박된 고깃배도
달빛에 포박돼 불을 밝히니
오늘만큼은 밤배가 아니다

오곡밥에 묵은 나물
부럼을 까먹으며
달빛을 적셔 술잔을 기울이니
막막한 헤맴 속 길을 열어준다

열나흘 날 제야의 밤을 새우고
하얀 눈썹 될까 두려운 아이들
날을 새며 보름새기를 하고 있다

들판에 불꽃이 타오른다
세상이 대낮인 밤

밤새워 기도하며
달빛 아래서 달집을 태우고 있다

연리지

무엇을 기다리며 견디어왔을까
모르는 채 홀로 먼 길을 가야 했고
바람의 시간들을 접고 접어서 걸어왔지
가까이 있어도 모르고 살았구나
하나의 공간에서 다르다고 생각했지
언제부턴가 우린 같은 세상을 보았지
하나가 되어가면서 우린 행복했고
서로를 감싸며 풍성하게 거듭났지
너로 인해 갈 수 있는 길이라면
그 끝이 어딘지 몰라도 좋았지

빛과 어둠의 조화 속에 일어나는 감동이었지

결코 변할 수 없는 사랑
떨어져서는 못 사는 둘만의 세상
우린 가장 빛나는 짝이 되었지

- 엔솔로지 『여름의 반란』

하얀 약속

어디서 봤을까
하얀 초상화
무슨 일 있었나
하얀 조각들
그대가 보냈나
하얀 꽃 편지
버거워 버렸나
하얀 그리움

지난 봄
돌아온다는
목련의 하얀 약속이었나 봐

봄의 전령사

혹한 여정을 끝내고 돌아온 그가 봄을 풀고 있다
그와의 재회는 동면을 같이했던 시간을 널고 있을 때 소리 없이 들어왔다
그의 출현에 추위는 주눅이 들어 숨어버렸고
가끔씩 아침저녁으로 왔다가 슬그머니 달아난다
지루한 어둠을 끌어당기는 새벽의 발걸음이 빠르게 창문을 두드린다
참아왔던 그리움을 쏟아내고 있는 걸까
그의 촉촉한 눈물에 건조한 지면이 눈을 뜨고
그의 따뜻하고 부드러운 속삭임은 얼어붙은 강물도 녹아내린다
그가 산과 들로 산책을 나가면 향긋한 바람이 불고
가로수는 흐드러지게 날리는 하얀 비를 내린다
그가 없던 하루는
눅눅하게 갇혀있는 마른 바람의 풍경소리만 긴 밤을 구슬프게 흔들었다
그가 없었던 날들은
그윽한 저녁 남모르게 져야 하는 슬픈 목련처럼 하얗게 긴 밤을 태웠다
그가 내게로 오는 소린가

날렵한 스케치의 나는 익숙하게 물들어가고 그의 마술은 완벽했다

그가 무대를 내려오면 나는 화려한 외출을 준비한다

어머니의 오월은

빛바랜 구두 한 켤레가 토방 깊숙이 사립문을 주시한 채 잠들어 있다
낡은 창문 사이로 바람이 들락거리며 봄 햇살을 쑤셔 넣는다
정지된 영혼의 메아리인가
봄 찾아 나간 아이는 돌아오지 않고
하얗게 쇠어버린 그리움은 넋을 놓은 채 타들어간다
그렇게 좋아했던 냉이 된장국 날마다 뜨겁게 데우고 또 식어가는데
밤새 밝혔던 등불도 켜질 줄 모르고
주인 없이 앉아있는 빈 책상엔
잔설만이 내려앉아 있다
잃어버린 그날 이후
돌아오지 않은 어머니의 봄
장미도 담장 넘어 찾아와 흐드러지게 놀다 가는데
몰아치는 태풍에 새로운 봄을 찾는다고
휩쓸려 떠난 뒤 어디서 헤맬까
그립고 보고 싶다 내 아들아
너의 짧은 청춘의 봄은 강렬했다
그 뜨거웠던 피가 오월 들판의
꽃으로 피어나 이토록 아름답구나

시리도록 아픈 가슴에 봄비가 내린다

- 동인지 『아내의 문장성분』

가뭄

하늘은 비를 매단 채 망설인다
툭툭 한 방울씩 떨구다
참았던 울음을 순식간에 쏟아낸다
금세 사그라지면서
변질된 사랑만큼 숨죽인 채 침묵에 들어갔다
바람은 젖은 몸을 끌고 저 산을 벌써 넘어갔나
습한 열기가 더위보다 지독하게 불어와 끈적대기 시작한다
로데오 테라스에 앉아 타는 갈증을 달래려
허겁지겁 마셔대는 건 분명 폭염수일 거야
여름은 그렇게 사막처럼 건조하고
때론 오아시스처럼 한 가닥 뿌려주는
기다림으로 익어가고 있다
떠난 사람들이 남기고 간 건
버려진 열기들의 천국이다
반복적인 회전이 빨라지면
도시는 채웠다 비웠다 갈피를 못 잡고 흐느적대지만
태양은 지칠 줄 모르고 여전히 뜨겁게 달구고 있다
주고받아야 할 시간의 추억을
만들기 위해 떠나는 사람들은
또 다른 여름을 꿈꾼다
아스팔트 불판 위에 나는 서있다

양귀비꽃

기다리라고 말하는데 조바심을 낸다
밤을 품고 또 품어 새벽을 헤집고 나온
직립된 자유가 풀어버린 핏빛의 환생
초점 없이 모호한 교류는 은밀한 언약인가
숨 막히는 매혹의 축축이 젖은
벗어나지 못할 간헐적인 사랑
별이 떨어지는 강가는 바람도 고요하다
추월할 수 없는 숙성된 채색
치유할 수 없는 관능적 나르시스
너의 몸짓의 탕아의 마초처럼 밀애를 즐긴다
바람이 토해낸 뜨겁던 날의 붉은 잔흔인가
무성한 잡초 사이로 눈물이 떨어진다

가까이 갈 수 없어 멀리 두고 본다

장마

오랜 기다림의 지친 대지는
목젖을 간지럽히며 마른기침을 뱉는다
얼마나 멀리서 돌고 돌아왔을까
노한 하늘의 분노가 일정하게 불을 뿜어내고 다시 괴성을 지른다
저 굵은 빗소리가 손금처럼 갈라진 땅을 하나로 만들 수 있을까
마른 계곡 겹겹이 싸인 정지된 영혼들을 편안하게 흘려보낼 수 있을까
애태웠던 긴 여름날의 뜨거움을
기습적으로 쓸어내리고 있다
그을린 땀과 눈물을 버리지 않으려
지평선 자락까지 누비며 적셔준다
느티나무 아래로 툭툭 떨어지는
시원한 하모니가 달콤하게 흐른다
금방이라도 위험 수위를 넘어갈 것 같은 성난 두려움은 무엇일까
타들어가기 전 찾아와 간절했던 마음에 폭우를 부어대는구나
부석거리며 울부짖다 누렇게 떠버린 한낮의 비명도 이젠 조용하다

이런 날엔 너를 완전하게 볼 수 있는 창가에 앉아 진한 에스프레소를 마시고 싶다

조금 늦으면 그 자리에 누군가 먼저와 너를 갖기 전에 말이야

커피 꽃

7월의 강렬한 태양도 부족한 듯
미치도록 더 뜨거움을 갈구한다
뽀얀 살갗을 거침없이 드러내고
여름을 만끽하며 즐기는 그녀
완벽한 전설을 만들기 위해
새로운 대지에 뿌리를 내렸다
머나먼 하늘 낯선 이국땅
해를 거듭한 지 삼 년이 지나고
가슴에 묻어야 할 먼 고향의 기억
달빛의 유혹인가
8월 첫 새벽을 맞지 못하고
향기도 품기 전 머무를 수 없는 이별
까칠한 산고의 몸부림으로
꽃잎을 떨구어낸 아픔인가
허물을 벗은 그녀의 결정체
성급한 아쉬움도 뒤로한 채
알알이 매달린 푸른 진주들의 향연
봄이 오면 붉은 화장을 하고
어느 님의 손길로 다시 태어날까
완벽한 빈의 탄생을 위해
다시 한 번 뜨겁게 달궈야 하는
타고난 검은 숙명의 그림자

감춰둔 향기는 그를 위한 선물일까
그윽하고 달콤한 입술을 기다리며
아직은 여린 싱그러운 그녀
깊고 부드러운 여운을 갖기 위해
긴 여정의 익숙한 듯
바람이 시간을 빠르게 재촉해도
그녀는 천천히
네 번째 완전한 봄을 향해 성숙해가고 있다

푸른 장미의 기도

행여 눈에 띌까
두려움의 눈빛은
움츠러들다 바람에 숨는다
하나 둘 날개를 펼 때마다
푸름에 떨리는 몸짓은
누가 볼세라
시선을 붙들고 사는
치명적인 아름다움
건드리지 말고
흔들지도 말고
잔인하게 잘라도 안돼요
시리도록 차가운 자태
매혹적인 향기가
이토록 혹독한 삶인지
그냥 보기만 하세요
무심코 꺾어 버리면
푸른 미소 잃고
가시만 남겨져
무관심 속 서러움
어떻게 견디라고
데려가시려 거든

내 모든 것을 다
그대 뜰에 옮겨주세요
그대 사랑만으로 만족합니다

가시가 많아서 아픈 걸까요
아름다워서 더 슬픈 걸까요
푸른 장미의 눈물을 아시나요

- 동인지 발표작

태풍

잠든 의식을 깨우는 건 거세게 두드리는 성난 광시곡의 서막인가

무덤처럼 깊은 칠흑의 바다가 온몸을 들썩이며 서럽게 울고 있다

어떠한 변명도 비명도 부질없이 퍼부어대는 질타를 냉혹하게 받아들일 뿐이다

긴장된 촉수만 날카로울 뿐 달라붙은 발은 위기에도 좀처럼 움직임이 없다

허락한 적 없는 분노를 잠재우는 건 대책 없는 기다림뿐이다

갑작스럽게 찾아온 소용돌이는 모든 것을 앗아갔다

진실도 거짓도 뒤범벅으로 미움도 용서도 미궁 속으로 빠졌다

해 뜨면 나가고 별을 보며 피고 지기를 몇 해를 보냈던가

농민의 땀이 썩어가는 것을 볼 수 없기에 전국을 헤매고 다녔다

부지런하게 일하고 가족이 안전하기를 바라며 명예로운 퇴직을 꿈꾸었다

가장의 기도는 지뢰가 터지는 순간 물거품이 되었다

진실을 훔쳐 달아나버린 거짓의 미소는 지금 어디에 숨어 있을까

감당할 수 없는 한계는 슬픔을 마비시키고 마른 입술을 태운다
어느 바람이 훑고 지나가도 여전히 버티고 서있는 우리 집 기둥이 흔들리고 있다

당신이 지나간 내 마음 언저리에
애써 짓는 웃음꽃 몇 개 시나브로 피어난다

- 엔솔로지 『달큰한 감옥』

개화[3]꽃

무궁화 꽃이 피었습니다
무궁화 꽃이 피었습니다
그곳에 개화꽃이 피었습니다

푸른 기와집 밀실에 피었네
꽃잎에 고개 숙인 잡초들의 비굴한 숨바꼭질
무단 침입해 숨어든 홀씨의 반란인가
그들의 은밀한 밀당이 흔들리고 점령됐네
잠복이 길어질수록 벼랑 끝으로 가는 줄 모르고
진을 빨아먹는 개화의 날갯짓이 담장을 넘나드네
먹잇감을 찾아 분주한 노략질의 벽은 허물어지고
길들여진 포식자들이 배를 채우고 또 채우는구나
꽃의 악취가 진동하면 할수록 피어나는 푸른 곰팡이
사악한 빛의 눈이 멀고 자존심마저 사라졌구나
푸른 기와집은 무너져 내렸고 모든 것을 덮쳐버렸네

꽃을 피우려 새벽을 찾으려 불을 밝히네
뿌리의 근성은 죽지 않고 천천히 호흡을 고르며
쓰러진 가지들은 일제히 몸을 일으키네

---

3) 개화병 : 대나무는 꽃이 피고 결실하면 말라죽는 성질. 꽃눈의 형성이 인정되면, 대나무를 바로 벌채하는 것이 좋다 벌채를 안 하면 주변일대 대나무는 모두 죽는다.

무궁화 꽃이 피었습니다
무궁화 꽃이 피었습니다
지칠 줄 모르고 외쳐대는 함성으로 다시 태어나네
하나 둘 개화꽃의 잔흔들은 처참한 최후를 보네
무궁화 꽃이 피었습니다
무궁화 꽃은 그렇게 다시 피어났습니다

- 동인지 『아내의 문장성분』

구절초

- 어머니의 사랑

시간을 덮은 무덤 빛바랜 잡초 사이
홀연히 찾아와 앉아있는 작은 초상이 반긴다
들풀같이 살다 드러누운 자리
보랏빛 꽃 한 송이가 그녀를 닮아있다
무심코 저려오는 아득한 기억 저편
잔잔한 미소만큼 후려치는 아픔이 밀려온다
못내 아쉬워서 감춰둔 씨앗이었나
모진 겨울날 찾아와 기다리고 있다
살아생전
치열한 삶으로 바보 같은 사랑으로
기다리고 인내하는 게 숙명처럼
초연하게 거두어들이다 가버린 세월
산까치 벗 삼아 떠나버린 시간 여행
가만히 들여다보니 그녀를 닮았다
눈보라 속 소리 없는 꽃잎의 그리움
눈을 감고도 못내 떨치지 못한 자식 사랑
버거운 세상사 꿋꿋하게 살라고
한 떨기 구절초로 고이고이 피웠다

보고 싶고 그리워서
그녀의 사랑은 시들 수 없는 꽃이 되었네

억새

혼자가 싫은 족속이다
달빛이 차가운 밤은 외롭다
바람이 불면
시린 아픔에 울부짖는다
갈바람이 일면
강에서
언덕에서
들판에서
오롯이 그리움을 만난다
우리는 무리 지어
주연이 되고
드라마가 되고
한 편의 시가 된다

- 시화전 출품작

가을날

오랜 바람의 은밀한 교류는
넋을 훔치는데 어렵지 않았다
강렬한 몸짓 짙게 밴 외로움
지중해를 닮은 굵게 동여맨 언약
흐린 날에 보내온 붉은 잔흔이다
돌아온 탕아의 모호한 나르시스
태연한 표정은 공백을 갖지 않았다
무질서한 방황도 멈춰진 거리엔
도발적인 그의 자화상으로 널려있다
경직된 자유가 풀어헤쳐지며
두문불출하던 영혼도 대문을 나선다

너와의 재회는 그렇게 또 시작됐다

- 시화전 출품작

은행나무

지나는 길에 들렀다
흔들려 따라갈 수 없다
노을을 품을 때까지 추락을 거부하는
이유다
바람은 주책없이 찾아와 짧은 속삭임 변함없는 이별을 계속한다
때론 거친 소용돌이로 몸부림쳐도 나를 가질 수 없다
훔쳐갈 수 없었던 천년의 약속이기에
무수한 혈관 속 뻗어가는 강한 의지는
깊고 차가운 지면 속을 누비고 있다
저물어가는 태양을 붙잡아 둘 수 없는 건
누구의 소유물이 될 수 없는 무성한 성을 갖고 싶은
오래된 시간의 기다림이었을까

포용할 수 있는 가슴이 넓어질수록
안아줄 것들은 늘어만 간다
노을을 담은 한 잔의 추억을 마시며
길고 긴 넋두리 안주를 걸어놓고 간다
황금빛 젖어든 어느 가을날
떨어지는 노오란 내 눈물들이여

바위의 노래

틈 사이 숨어들어 작은 몸을 감추고
가끔씩 얼굴 내밀다 밀려온 파도에
들킬까 두려워서 굳게 닫아버린다

누가 건드릴세라 안간힘 버티다
못내 불안하여 나를 놓칠세라
서럽게 매달려 떨어질 줄 모른다

느긋한 미소로 내어주는 너의 자리
안쓰러운 눈빛 그저 바라보다
슬퍼 마라 너는 숨을 곳이라도 있구나

해가 뜨고 달이 져도 그 자리에
움직일 수 없는 이 몸은 거친 세월
폭풍이 몰아쳐도 어디에도 기댈 곳 없어라

플라타너스 낙엽

신사동 가로수 길 친구의 편지다
익어가는 가을
연인들의 사랑도 절정이란다
커피향 가득한 카페에 앉아 시를 쓰고
지금은 책갈피에서 고이 휴식 중이란다
상팔자에 안식처까지
안부 인사치곤 자랑이 늘어진다

광장시장 입구에 사는 나는 부럽기만 하다
오늘도 어제처럼 시끄럽게 붐빈다
내가 푸른지 붉은지 무심히 지나친다
요요한 젊음은 어디 갔을까
어느새 빛을 잃은 까칠한 나를 눕히고 있다

보도블록 난전에 할머니 몇 해째 웅크려 앉아서
뻣뻣한 갈고리 손으로 파를 다듬고 있다
비바람치고 눈이 내려도 그 자리다
빨간 고추대원 옆을 지키고 있다
누렇게 뜬 고달픈 흔적
주름살 너머 내가 보인다
춥고 우울하다

바람은 내 옷을 하나둘씩 벗겨 내동댕이친다
슬픈 내 허물 구르고 채이고 밟혀 널브러져 있다

시위대의 구호 재래시장 상인들의 악쓰는 소리
제멋대로 엉켜져 소음으로 요란하다
매연에 숨이 차다
먼지로 덧칠된 빰은 본연의 색을 감춘 지 오래다
감수해야 할 일이지만
두터워지는 화장이 답답하다

변덕스러운 인간들
여름엔 나를 찾고 겨울이 되면 버린다
거리에 매달려 세상 얘기를 듣고 흘리기를 반복
생각들이 쌓여간다
점점 조여 오는 이별 앞
돌아갈 때가 온 걸 알지만 멈춰서 허탈하게 웃는다

갈 때가 다 됐나 보다, 하며
긴 한숨을 내쉬는 할머니가
펴지지 않는 허리를 연신 두드린다
슬퍼하지 말자 필연인 것을
영원하지 않는 삶에

또 다른 시작을 위한 무언의 여행

엽서를 쓴다
내가 가야 봄은 온다고
씁쓸한 가슴 안고
빨간 우체통 앞을 서성이다 지나간다

송이버섯

부드러운 고깔 쓰고
고개 숙인 아가씨
작은 키에 수줍은 얼굴
궁금도 하여라

고이고이 숨어
여린 바람 만나서
작은 햇빛 좋아하다
비 태풍에 여인됐네

기다림이 누구길래
찾아주길 기도하며
펑퍼짐해질까 두려워
탱탱하게 영근 몸
흐트러질라 밤새 품고

향기에 취하고
색에 빠지고
탐스러운 갈색 머리
도도한 자존심까지

고운 사람 만나서

귀한 사랑 받고 싶은
간절한 소망을
저버리지 말라고

너무 빨리 늦지도 않게
저를 원하신다면
저를 그리워하신다면
내 모든 사랑 드리리라

가을의 미련

그 시절은 꿈이었나
무성히 자라 온몸을 쑤셔대고
휘청거리는 어깨는 부러질 듯 고개를 숙였네
재롱떨고 살랑대며
웃어주던 그때가 좋았는데
꽃 피어 장성한 청춘 좋은 결실 맺어
할 일 다 했다고
어느새 품을 떠나 앞서가는 자식
너울 속 소리 없는 통곡
모든 걸 상실한 채 떨고 있는 나를
조금만 더 있다 가라 해도
붙잡은 손 놓치지 않으려 해도
잔인한 바람은 어서 가라 내쫓고
핏빛 몸 추스를 틈도 주지 않는다
감당할 수 없는 설움이 쏟아져내린다
그래 가야지 가야할 때가 왔는데
찬비야 재촉하지 마라
네가 오면 갈 길 급하고 보내야 하는데
야속하고 잔인하게 밀어내는구나
흐르는 데로 흘러가서 단단한 밑거름되어라
겨울비가 내리거든 벌거벗은 내 걱정 하지 말고
하얀 눈 녹아 눈물될 때까지 기다릴게

봄이 오면 꼭 돌아올 거지?

- 엔솔로지 『갈고등어의 기행』

눈보라 속 방문객

마른 가지 예고 없이 날아와
날갯짓 퍼덕이며
반가운 척 어깨를 친다
툭툭 떨어지는 외로움을 본다

헤매고 헤매다
그 헤매임 속을 또 헤매서 왔단다
뜨겁던 날들만 오나 했더니
추운 날도 와줬구나

추적추적 다가오는 발걸음
가는 가락 진눈개비 노래
젖어드는 지독한 흐느낌
내려놓고 쉬어가라 한다
술술 마시는 외로움을 본다

펄펄 날리다 두드린다
소리 없는 종소리 울린다
따뜻한 솜옷 걸쳐주고
오늘은 묵고 간다 하네
살살 녹아드는 외로움을 본다

지친 영혼 하나 더 왔네
얼굴 없는 차가운 방문객
내 가지 바람 잘날 없네
여독 푼다
드러누운 자리
돌돌 말아 안은 외로움을 본다

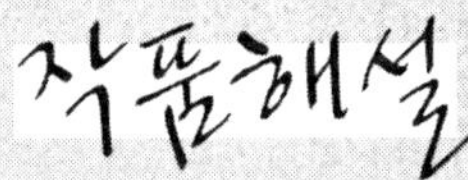

이혜수 시인의 시에 나타나는 미(美)의 다양한 양상 고찰

— 김순진(문학평론가 · 고려대 평생교육원 시창작강사)

작품해설

이혜수 시인의 시에 나타나는 미(美)의 다양한 양상 고찰

김 순 진

인간이 세상을 살아가는 가장 큰 원동력은 미의 추구다. 미의 추구는 세상을 미래로 밀어 올린다. 사람들은 모두 아름다움을 추구한다. 국어사전에 '아름다움'이란 말을 찾아보니 "모양이나 색깔, 소리 따위가 마음에 들어 만족스럽고 좋은 느낌"이라 나와 있다. 아름다움이란 공동의 주제다. 이혜수 시인은 가슴에 쌓이는 아름다움을 시에 담는다. 예술적 아름다움에는 우아미, 절제미, 순수미, 고상미, 숭고미, 비장미, 골계미, 해학미 등 다양한 양상으로 세분화된다. 나는 이 시집을 통하여 예술적 아름다움의 생산에 이 글의 초점을 맞추려 한다. 그럼 이쯤에서 이혜수 시인이 추구하는 미적 다양성에 대하여 그의 시 몇 수를 읽어가면서 살펴보기로 하자.

좌판 위 오징어는 어느 바다를 건너와
비를 맞으며 흐느적거리고 있는 걸까

봉쇄된 무언의 약속은 파란빛으로 깨지고
나는 짧은 시간 속에 확장된 먼 빗속을 걷는다
낡은 잡지 속의 어설픈 스캔들과 비루한 이야기가
쏟아지는 폭우 속 리어카에 실려 가고 있다
튀어 오른 빗방울의 포물선이 발목을 훔치며 들어온다
어느 해 여름인가
나는 지친 나를 험한 길로 힘든 일터로 끌고 다녔다
보이지 않는 길을 수없이 걷게 했다
잠들지 않는 별들이 밤새워 기다려도
올려다볼 줄 모르고 새벽만 기다렸다
앞을 분간하지 못한 채 휘청거리며 울고 웃었고
완전하기를 바라며 세상의 어리석음을 비웃었다
끓어오르는 열기를 부채질해 젖은 하늘을 말리려 했다
그럴 때면 선명해지는 교감은 짧은 재회를 끝내고
산중턱 운무 속으로 사라졌다
나를 초월할 수 있는 한계는 어디까지일까
나는 삶의 발목에 사슬이 묶여 사는
한 마리 소였다

－ 「발목에 사는 소」 전문

나는 이 시에서 비장미를 느낀다. 자신의 처지를 비관하여 무작정 빗속을 거니는 한 인간의 비애, 어떻게 이 난국을 헤쳐 나갈 것인가? 어떻게 이 처절한 고독을 벗어버릴 수 있을 것인가에 비장한 아름다움이 들어있다. 빗속을 거닐다 문득 바라본 "좌판 위 오징어는 어느 바다를 건너와 / 비를 맞으며 흐느적거리고 있는" 것일까 라고 시인은 반문한다. 자신은 지금 어느 바다를 건너가고 있는 것일까에 대한 대리 질문이다. "낡은 잡지 속의 어설픈 스캔들과 비루한 이야기가 / 쏟아지는 폭우 속 리어카에 실려 가고 있다"고 시인은 말한다. 낡은 잡지의 어설픈 스캔들은 어쩌면 자신을 이야기하고 있는지 모른다. 비루한 이야기의 주인공은 이혜수 시인 자신일는지 모른다. 그래서 자신의 남루하고 부끄러운 일상을 "쏟아지는 폭우 속 리어카에 실려"보내고 있는지도 모른다. 이혜수 시인의 이런 고민에 현시대를 사는 우리 모두는 자유로울 수 없다. "낡은 잡지 속의 어설픈 스캔들" 같은 삶이 우리네 삶이다. 남의 삶인 듯한 내 삶이 리어카에 실려 폭우 속을 끌려가고 있고, 시인은 그 옆에서 "튀어 오른 빗방울의 포물선이 발목을 훔치며 들어"오는 것을 느끼며 걷는다. 우산을 썼다든지 우의를 입었다는 말은 없다. 아마도 빗속을 울음 섞인 걸음으로 걸어가고 있는지 모른다. "앞을 분간하지 못한 채 휘청거리며 울고 웃"는 사람, "완전하기를 바라며 세상의 어리석음을 비웃"는 사람이 밤을 새워 무작정 길을 걷는다. 그 걸음이 실제이든, 상상이든, 작가는 아마도 가슴 쓰라린 심정으로 자신의 처지를 몰아가고 있다. 그리고 드디어 스스로를 초월할 수 없는 한계를 절감하면서 "나는 삶의 발목에 사슬이 묶여 사는 / 한 마리 소였"음을 깨닫는다. 우리는 이 시를 통해 슬픈 감정 속에서 살아야겠다는 각오가 일어나는 비장한 아름다움을 읽는다.

그림자는 한참이나 서성거리다 습관처럼 문을 연다
견고한 벽을 치고도 덜어낼 수 없었던 것은 무엇일까
종일 갇혀있던 발을 꺼낸다
변질된 표면이 각질로 너덜거리며 추락한다
심한 염증 탓일까 퀴퀴한 냄새가 진동을 한다
건조한 바닥 사이로 패인 좁은 길들이 엉켜있다
걸어온 날들의 부석거리는 바닥은 허물과 깊은 골을 만들었다
그곳엔
점선처럼 끊어진 두려움의 길도 있고
비껴가는 교차로의 망설임도 있었다
쩍쩍 바닥을 드러낸 사막도 보이고
무너진 막다른 비탈길도 있었다
낡은 교각 밑으로 붉은 강이 흐른다
작은 영토가 정복해야 했던 거친 행보
그의 땅은 치열했고 늘 그런 줄 알았다

– 「아버지의 발」 부분

아버지라는 이름은 절제로부터 시작된다. 고통스럽더라도 스스로를 절제하여 자식을 키우는 아버지다. 오로지 자식과 가족을 건사하기 위하여 자신을 절제하는 아버지, 그 아름다움을 나는 절제미라 말하고 싶다. 절제미란 참고 절약해서 이루는 아름다움이다. 이혜수 시인은 이 시는 아버지의 노고를 헤아리는 시다. 이 시인은 단 칭찬이나 찬양으로 아버지를 자랑하지 않는다. 어려서부터 아버지를 보고 자란 그대로만을 묘사한다. 그런데 이상하게도 그런 묘사 즉 “터벅거리는 걸음 늘어진

어깨 위로 더운 바람이 분다"든지, "깊은 호흡과 타들어가는 불꽃이 터널을 빠져나간다"든지 아버지의 몸에서 빠져나가는 기와 늘어가는 주름만 묘사해도 충분히 아버지를 효과적으로 표현해낸다. 이를 나는 절제미라 말하겠다. 나는 이혜수 시인이 말한 "종일 갇혀 있던 발을 꺼낸다"에 주목한다. 아버지의 발이 어디에 갇혀 있었다는 말일까? 아버지의 발은 빈곤에 갇혀있다. 절약에 갇혀있다. 노동에 갇혀있다. 가족에게 갇혀있다. 그래서 이혜수 시인의 아버지의 발은 이혜수 시인에게 갇혀있음을 암묵적으로 이야기한다. 칭찬하지 않고 효과를 낼 수 있다면 그보다 좋은 시는 없다. 시에는 그런 절제미의 기법이 요구된다. 아버지의 발에 "쩍쩍 바닥을 드러낸 사막도 보이고 / 무너진 막다른 비탈길도 있"다. 우리네 아버지의 길이다. 그녀는 그런 아버지의 발길을 진즉에 알아차려야 했는데, 그만 그것을 알아차리려 아버지의 "노쇠한 발을 처음으로 만졌을 땐 그는 이미 차갑게 변해버린 뒤였다"다고 너무 늦은 후회를 한다. 결국 아버지의 발은 "기적처럼 모세의 길을 열어주고 우리 곁을 떠났"던 것이다.

부식된 골절 사이로 바람이 분다
해거름에 늦을세라 연이은 발길
느리고 조심스럽게 구르는 소리
얹어있는 짐의 묵직함에 뻐근하다
하품하는 아낙의 엉덩이가 질펀하다
직각의 면은 거친 숨을 몰아쉰다

해질녘 거나하게 취한 쑥대머리
한 대목이 구슬프게 울린다
짊어진 가장의 어깨가 나를 닮았다
휘청거리는 다리 부여잡고
다시 부르고 또 부르다 스며든다
짙어가는 노을 속 빨려 들어가는
마른 입술 사이로 미소가 흐릿하다
(중략)

라일락 짙어가는 사월의 푸른 밤
내 여독은 별빛 아래서 고요해진다

－「오래된 교각」 부분

이 시는 다리에 관한 시다. '다리'란 단어에는 세 가지의 뜻이 있다. 하나는 교각이라는 뜻이다. 또 다른 하나는 사람이나 동물의 몸을 운반하는 다리를 뜻한다. 또 다른 하나는 A와 B 사이를 연결해주는 통로의 의미를 지니기도 한다. 여기에서 시인이 말하는 「오래된 교각」은 오래전에 건설된 교각을 말하지만 시실은 오래된 교각을 빗댄 자신의 다리에 대한 이야기라 해도 좋겠다. 이혜수 시인은 예쁘고, 키 크고, 날씬하다. 이 세 가지 조건을 가지지 못한 사람들에게 그녀는 한 마디로 비호감의 여자다. 그런데 게다가 시까지 잘 쓴다. 그뿐만 아니라 매너도 좋고, 소탈한데다가 술까지 잘 마신다. 그런데 나는 그녀를 아무리 비호감 여자로 분류하고 싶어도 비호감에 들 만한 단 한 가지 조건도 발견치

못했다. 수줍어서 자기 의사를 잘 표현하지 못하지만 내숭을 모르는 여자, 그렇지만 속에 불같은 정의가 살아있어서 조금만 그릇된 행동을 하면 당장 '시끄러 이년아!'를 외치고 나오는 여자! 나는 이혜수 시인을 남자처럼 대한다. 나는 그녀의 안에는 정의의 남자가 살고 있음을 자주 보았다. 그녀는 불의를 보지 못하고 붉으락푸르락 하는 사람이다. 남의 궁휼을 따뜻이 감싸 안는 사람이다. 의리를 위해서라면 섶을 지고 불로 뛰어들지라도 배반하지 않는 사람이다. 이혜수 시인은 튼튼하고 긴 다리로 어떤 인연을 건네주느냐에 초점을 맞춘다. 그러니 이 시는 오래된 교각이 순수한 그 운반의 의미 자체의 다리로 다시 태어날 것을 꿈꾸는 시다. 따라서 순수한 마음을 건네주는 시이니 순수미를 효과적으로 표현한 시가 아닐까.

포구의 비릿한 바람이 젖은 아가미 사이를 파고 든다
짙은 해무로 덮인 심해의 잠든 새벽을 끄집어 올린다
정지선을 넘어갈 때 그게 함정인지를 몰랐다
유혹에 낚여 헐떡이는 두려움은 피하고 싶었다
매달려 발버둥쳐봐도 부질없는 하소연일까
개명을 몇 번 했는지 본명을 잃어버린 지 오래다
본연의 빛을 버리고 또 다른 빛을 쫓고 있다
굳은 세포의 근육은 팽팽하게 단련 중이다
언제쯤 길고 긴 겨울을 벗어날 수 있을지
나를 다독이는 시린 손들은 언제쯤 편안해질까
얼어붙은 나를 녹이는 건 달콤한 염분의 속삭임
수백 킬로를 가로지르며 놀던 고향은 먼 나라다

그렇게 어디론가 흘러 낯선 곳에 서 있는 나는 누굴까
날마다 기대하고 나가도 바람만 맞기 일쑤다
오늘도 정체성을 찾기 위해 기다리고 또 기다린다

이젠 하염없이 맞았던 바람을 거부하려 한다
황금빛 갑옷은 나를 바람에서 자유로울 수 있게 했다
오늘 나는 황태라는 이름으로 세상에 나간다

– 「황태」 전문

우리는 겨울이면 우리는 황태해장국을 자주 먹는다. 게다가 요즘에는 코다리찜, 북어찜, 황태찜 등 북어를 주재료로 음식을 만들어 파는 집이 골목마다 많이 생겨나 손님을 끈다. 이혜수 시인은 명태의 행동반경과 인간에게 끼치는 영향 등을 관찰해서 시를 쓴다. 시인은 황태가 말려지고 있는 상황에서부터 황태의 마음과 행동, 황토의 세포변화, 그리고 인간들의 심리상태, 결국 황태가 되어 또 다른 바다를 헤엄쳐나가는 설정 등 다양하고도 폭넓은 상상력을 동원하여 시를 완성하고 있다. 나는 사람에게만 숭고함이 있다고 생각지 않는다. 자전거에게도 사람의 건강과 목적지를 운반해야 만하는 숭고한 정신이 있다. 제 몸을 썩혀 우리 민족 최고의 음식이 되어주는 된장에게도 숭고한 정신이 있다. 온몸으로 토양을 삼켰다 뱉으며 비옥한 토양을 만들어주는 지렁이에게도 숭고한 정신이 있다. 이를 비춰볼 때 황태는 매우 숭고하다. 나는 명태가 동해바다에서 자라 그 길고 험난한 역정을 견디고 우리들의 밥상에 오르기까지의 여정을 매우 숭고하게 받아들인다. 따라서 이 시는 숭고미가 강조된 시가 아닌가 생각한다. 명태가 여러 가지 이름을 갖게 되는 과정이 마치 그리스 신화같다.

보이지 않는 답을 찾아 오늘도 마신다
얼마나 더 마셔야 새벽은 찾아올까요
비워도 비워도 채워지지 않는 가슴은
얼마나 더 비워야 따뜻해질까요
야속한 세상 휩쓸려 쓰러진 술병들
얼마나 더 많이 뒹굴어야 평화는 올까요
친구야
바람은 답을 안다는데
얼마나 더 아파야 대답을 해줄까
신은 모르시나요
강물되어 씻겨가는 술잔의 고뇌를
얼마나 고개를 더 돌리고 모른척하실 건가요
오르고 또 오를수록 뜨거운 심장
얼마나 더 올라야 하늘을 볼 수 있을까요
들리는 건 출렁이는 잔 속의 신음
얼마나 더 부딪혀야 웃음소리 들릴까요
폐허 속에서도 꿈틀거리는 희망의 몸부림
바람은 알고 있다는데 그게 사실일까요
친구야
시간도 취하고 낙엽도 취해 늘어져 잠이 든다
무심한 바람은 어제처럼 그냥 지나가는데

– 「술」 4) 전문

---

4) 가수 밥 딜런의 가사 「바람만이 아는 대답」을 패러디함

나는 술을 좋아한다. 이혜수 시인하고도 매주 수요일 수업이 끝난 후 점심시간이면 식사와 함께 술을 마신다. 홧술을 마시거나 우울해 술을 마시게 되면 실수할 가능성이 크다. 이 시는 해학미에 가까운 시라 할 수 있다. 술이라는 것은 인간이 만들어낸 필요악이다. 먹으면 배도 부르고, 기분도 좋아지지만 과음하면 건강을 해치고, 다툼이 일어나며, 교통사고나 낙상을 유발해 다칠 수도 있다. 이혜수 시인의 이 시에서 주로 드러나는 시적 수사법은 해학적 기법의 중의성이 아닐까 생각한다. "무심한 바람은 어제처럼 그냥 지나가는데"라는 데서 보이는 달관과 해학미가 그윽하게 풍미되어 나온다.

밤새 밝혔던 등불도 켜질 줄 모르고
주인 없이 앉아있는 빈 책상엔
잔설만이 내려앉아 있다
잃어버린 그날 이후
돌아오지 않은 어머니의 봄
장미도 담장 넘어 찾아와 흐드러지게 놀다 가는데
몰아치는 태풍에 새로운 봄을 찾는다고
휩쓸려 떠난 뒤 어디서 헤맬까
그립고 보고 싶다 내 아들아
너의 짧은 청춘의 봄은 강렬했다
그 뜨거웠던 피가 오월 들판의
꽃으로 피어나 이토록 아름답구나

- 「어머니의 오월은」 전문

나는 이 시를 우아미의 계열로 분류한다. 비록 집 나간 아들을 기다리는 어머니의 마음을 그린 시라 할지라도 이 시 속에는 우아한 여인의 아름다움이 깃들어 있다. 나는 우아미가 어떠한 기존 사상과도 깊이 관련되지 않고 생활 자체에 바탕을 두고 있음에 관심을 둔다. 우아미는 단체적 아름다움이 아니라 개인의 내적 아름다움의 형상화다. '존경한다'는 말이 남성에게 있어 최고의 찬사라 한다면, '우아하다'는 말은 여성에 있어 최고의 찬사다. 집 나간 아들을 위하여 날마다 냉이된장국을 데우시는 어머니는 대한민국 모든 어머니가 지니고 있는 어머니상이다.

더욱이 인간이 평소에 아름다운 마음씨를 가지느냐 하는 관점은 모두 외모로 나타난다. 자기의 얼굴이 자기의 마음이다. 사람은 저마다 자기의 얼굴을 가진다. 사람은 얼굴을 마음대로 선택할 수 있는 권리는 없지만 마음을 마음대로 선택할 권리를 가지고 있다. 마음은 곧 얼굴로 나타난다. 신경질을 내고 화내며 시기와 질투가 넘치는 생활을 하다보면 얼굴에 주름살이 늘어 우거지상이나 호랑이상이 되고, 생활은 어렵되 이해하고 서로를 배려하며 용서하는 삶을 살다보면 웃는 상이 된다.

> 정해진 선을 따라 곧은 선에서 출발한다
> 탈선은 용납되지 않는다
> (중략)
> 몇 방울의 유분으로 나를 달래주며 다시 조여준다
> 순종하는 버릇을 가진 나는 바로 유연해져

피곤함을 망각한 채 선 위를 달리고 있다
때로는 막다른 길목에서 혼선을 부르고 위선을 떨지만
오래가지 못하고 수선을 만들지 않게 한다
반복된 실수는 흔적을 남겨주기에
목적지까지는 경계를 늦추지 않고 완전 탈환을 꿈꾼다

수만 번의 땀선으로 도착한 종착역
그건 나만이 넘어올 수 있었던 고지였다

– 「바늘과 선」 부분

나는 이 시를 고상미에 가까운 시로 분류하고 싶다. 바늘 가는 데 실 간다는 말이 있다. 이 시는 매우 잘 관찰된 관찰시다. 시인은 바늘과 선이라는 두 소재를 통해 인간사를 형상화하는데 상당한 효과를 보고 있다. 바늘이 지나간 자리에는 어김없이 실색선이 생긴다. 실색선은 실제 도로생활에 있어 가변적 차선이다. 처음 도로에 진입하거나 도로에서 내려가 톨게이트로 향하는 지점에 보통 실색선이 그어져 있다. 따라서 합류와 퇴로를 자유롭게 해주는 선이 실색선이다. 그런데 바느질에 있어 실은 실색선을 만들지만 "탈선은 용납되지 않는다 / 탈선하는 순간 처음으로 돌아가 다시 시작해야" 하는 과혹한 규칙이 적용된다. 재봉틀의 밑실이 빠진 채 아무리 곧장 지나간다고 하더라도 이는 곧 다시 시작해야 하는 숙명에 놓인다. 그리하여 바늘"귀를 빠져나간 구멍 사이로 바람이 불면 간이역에 잠깐 머"물러 다시 바늘귀를 꿰고 시작해야 하는 것이다. 그리하여

이불이든 옷이든 한 번 바느질로 어떤 물건을 만들려면 “수만 번의 땀선으로” 종착역을 향해 걸음을 떼어야 한다. 그것은 결국 바늘과 실만이 넘을 수 있는 ‘고지’라는 것을 통하여 우리네 인생사도 이렇듯 인내를 가지고 고상한 아름다움 위하여 끊임없이 노력해야 하는 것이다. 코끝에 돋보기안경을 끼고 몇 번이고 헛손질을 하며 바늘귀를 꿰고 있는 초로(初老)의 한국 여인상에서 우리가 느낄 수 있는 것은 고상미이기 때문이다.

이혜수 시인과의 인연은 그리 오래지 않다. 그녀가 고려대 평생교육원 시창작과정에 시공부를 하러 왔을 때부터다. 그러니까 2015년 초쯤인 듯싶다. 지난 4년 동안 나는 이혜수 시인과 함께 글 쓰며 문단생활과 작품 활동을 해왔다. 그녀가 요리를 잘 하는지 못 하는지는 그녀의 요리를 먹어보지 않았기 때문에 알 수가 없다. 그렇지만 우리는 그녀와 수많은 여행을 했다. 문학행사에 가느라 함께 버스를 타거나 승합차를 이용해 그동안 산청, 영월, 포천, 청산도, 여수, 보령 등지를 다녔었다. 그때 함께 느껴본 바로, 그녀는 외적 아름다움보다는 내적 소탈함을 가진 사람이었음을 확인할 수 있었다. 최근 그녀가 각박한 도시살이를 접고 양평으로 이사해 전원살이를 시작했다는 말을 들었다. 직접 톱질을 하고 망치를 들고 못을 박으며 집수리를 한다고 전해 들었을 때 나는 그녀가 내숭이나 비호감과는 거리가 먼 소탈한 서민의 삶을 살고 있는 우리의 이웃임을 확인할 수 있었다. 사람들은 미화된 아름다움에 금방 식상함을 느낀다. 억지로 웃는 모습도 지루하고, 짙은 화장에도 사람들은 식상함을 느낀다. 자기의 외모나 분수에 맞지 않게 너무나 지나친 화려함을 치장하려는 사람에게 우리는 실증을 느낀다. 이에 반하여 우리는 이혜수 시인의 아름다움에 공감한다. 그것은 이혜수 시인이 옷을 잘 입어서도 장신구로 치장해서도 아니다. 단지 스스로 빛나는 그 무엇이 있어서 그렇다. 예쁘긴 예쁜데 이혜수 시인은 어떻게 아름다움을 생산하는 것일까 곰곰이 생각해보았다. 그것은 적당한 슬픔을 바탕으로 한 사색에 기인한다는 결론에 이르렀다. 뭔가 잘나가는 것처럼 보이지만 이혜수 시인은 뭔가 원인 모를 듯한 슬픔을 가진 여자다. 나는 그것을 사슴의 정서라 생각한다. 금방이라도 떨어질 듯한 슬픈 눈을 가진 사슴은 먼데 산을 보면서 높은 이상을 지향하는데 이혜수 시인이 그렇다. 저토록 많은 시를 생산해내면서, 숱한 고독의 밤을 보낸 이혜수 시인에게 드디어 아름다운 뿔이 생겼다. 시는 시인의 뿔에서 생산된다. 앞에서 비유된 비장미, 절제미, 숭고미, 해학미, 우아미, 고상미는 모두 이혜수 시인이 어떠한 사물이나 상황에 대하여 뿔이 나 작용되는 상태다. 시인의 뿔은 독자에게 보약이 된다. 몇 년 동안의 노력 끝에 마침내 아름다운 뿔을 가지게 된 사슴의 시인에게 진심으로 축하드린다.

국립중앙도서관 출판예정도서목록(CIP)

이 도서의 국립중앙도서관 출판예정도서목록(CIP)은 서지정보유통지원시스템 홈페이지(http://seoji.nl.go.kr)와 국가자료공동목록시스템(http://www.nl.go.kr/kolisnet)에서 이용하실 수 있습니다.

CIP제어번호 : CIP2018037543)

이혜수 시집

발목에 사는 소

초판인쇄일 2018년 12월 13일
초판발행일 2018년 12월 19일

지은이 : 이혜수
발행인 : 김순진
편집장 : 전하라
디자인 : 김초롱
펴낸곳 : 문학공원
등 록 : 2004년 3월 9일 제6-706호
주 소 : 우편번호 03382 서울 은평구 통일로 633
녹번오피스텔 501호 스토리문학사
전 화 : 02-2234-1666
팩 스 : 02-2236-1666
홈페이지 : http://cafe.daum.net/yob51
이메일 : 4615562@hanmail.net

※ 책값은 뒤표지에 있습니다.